童謡・唱歌の美しい日本語

高橋こうじ

実業之日本社

はじめに

いま、懐かしい童謡や唱歌が再評価されています。合唱団や歌声サークルが盛んに取り上げ、新作ＣＤも発売されるなど、その人気は静かなブームと言っていいほど。情操教育として子どもたちに教える幼稚園、保育園も増えていて、発表会の場で、子、親、祖父母の三世代が声をそろえて歌う様子を見ると「この国に童謡、唱歌があって本当によかった」と思います。

そんな中、日本語の豊かさを紹介する本を書いてきた私のもとに寄せられたのは、「童謡、唱歌の歌詞の意味を正しく教えてくれる本がほしい」という声。なるほど、と思いました。

いまも歌い継がれている童謡や唱歌の歌詞は、どれをとっても端正で美しいのですが、歌われているのは主に明治・大正の文物や景色で、言葉づかいも伝統的な文語調が多いので、現代人にしてみると、どの歌にも一、二カ所、意味やニュアンスのわかりづらいところがあります。中高年の方の場合、おおよその意味は正しく理解していらっしゃいますが、幼いお子さんやサークルの仲間に「〇〇ってどういう意味？」と聞かれたときに、自信を持って教えてあげられるようになりたい、と思われるのでしょう。

そうした要望に応えて書いたのが本書です。代表的な童謡・唱歌について、歌詞のすべての語句を丁寧に解釈して「現代語訳」の形で併記し、さらに、難しい単語やおもしろい言い回しを取り上げて、その意味や鑑賞法を解説しました。初版は「日本の童謡・唱歌をいつくしむ―歌詞に宿る日本人の心―」(東邦出版)という題でしたが、その後、童謡、唱歌の再評価がますます進んだのを受け、このたび実業之日本社から『童謡・唱歌の美しい日本語』という新しい書名で刊行されることになりました。この機に、多くの皆さまに手に取っていただけたなら、これに勝る喜びはありません。

おとなとして、童謡、唱歌の言葉を見つめ直すことの意義は、教養を広げるだけにとどまりません。子どものころは理解できなかった深い情趣や日本独特の美を感じて、そうした文化の中で成長しておとなになった自分を再発見する、という、他では得難い経験が待っています。どうぞ、本書を大いに活用し、お好きな童謡や唱歌の歌詞を心ゆくまで味わって、ご自身の中にある美しい日本の心に出会ってください。

高橋こうじ

もくじ

第3章 文化を楽しむ歌

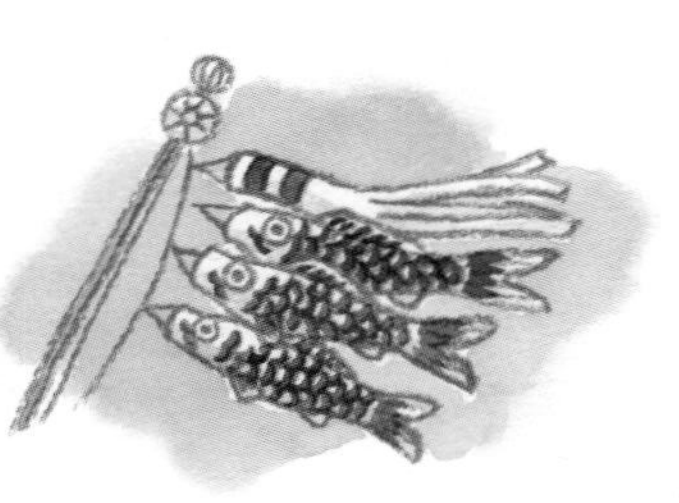

第4章 童心にかえる歌

第5章 古典に親しむ歌

この本で取り上げた歌のいくつかは、微妙に異なる複数の歌詞で歌われたり出版されたりしています。ご紹介に際しては、本の趣旨に照らして、より興味深い語句を多く含む歌詞を採用しました。また、仮名遣いや漢字の使い方も読みやすい形に変えています。ご了承ください。

絵　／**エヴァーソン朋子**
装丁／**西郷久礼デザイン事ム所**

第1章

自然を味わう歌

身のまわりに息づく
四季のうつろいを味わう言葉の数々

桜

詞　不詳／曲　不詳

さくら　さくら
弥生《やよい》の空は見渡す限り
霞《かすみ》か雲か　においぞ出《い》ずる
いざや　いざや　見にゆかん

（明治21年の歌詞）

【歌詞の解釈】

さくらだ、さくらだ
（旧暦）三月、中空を見渡すと
霞のように雲のように
美しく輝いている
さあ、さあ、見にいこう

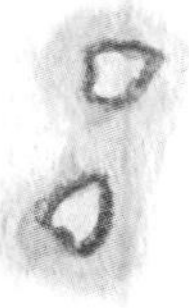

霞《かすみ》か雲か

詞　加部《かべ》厳夫《いずお》／曲　ドイツ民謡

一、霞《かすみ》か雲か　はた雪か
とばかりにおう　その花ざかり
百鳥《ももとり》さえも歌《うと》うなり

二、霞は花を隔《へだ》つれど
隔《へだ》てぬ友と来て見るばかり
嬉しきことは世にもなし

三、かすみてそれと見えねども
鳴く鶯《うぐいす》に誘われつつも
いつしか来ぬる　花のかげ

（明治16年の歌詞）

【歌詞の解釈】

一、霞か、雲か、あるいは雪だろうか
桜がしばらく輝き渡る満開の時期が来て
多くの鳥までがそれを喜び歌っている

二、霞のせいで花は遠く感じるが
近しい友達と一緒に桜を見るほど
嬉しいことはこの世にない

三、かすんでいるせいで花に見えないが
鶯の鳴く声に誘われるままに
いつのまにか花の下に来てしまった

『桜』『霞か雲か』には、昭和期に作られた歌詞もあります。15ページをご覧ください。

桜

さくら

「さくら」は、くり返して唱える楽しさを感じさせてくれる言葉です。「さくら、さくら」と続けると不思議な幸福感がただよいます。だから『霞《かすみ》か雲か』の昭和版や森山直太朗さんの『さくら』など、多くの桜の歌にくり返しのフレーズが見られます。

この幸福感はどこから来るのか。私は「さく」という音が生み出すものだと思っています。私たちは「さくら、さくら」と花の名を歌っているだけですが、二度も「さく」と発音すれば、まぶたの奥には「咲く」光景がほのかに浮かびます。つまり、意識せずに美しいイメージが現れる。そのおもしろさが幸福感を生むのです。

偶然のいたずら？　いえ、そうではありません。「さくら」の語源に関する最も有力な説は、「咲く」という語に名詞化のための「ら」がついた、というもの。つまり、「さくら」は「咲くもの」だというのです。

この説を初めて知ったときは、「でも、どんな花も咲くものじゃないか」と思いました。が、考えてみれば、桜の花には特別な性質があります。それは、枯れたり萎《しぼ》んだりせず、美しい姿だけを見せること。だから、美の体現である「開花」の象徴、あるいは化身として「咲くもの」という名が付けられた……。そう思えば納得できます。

つまり、「さくら、さくら」と歌うとき

の幸福感は、「さくら」という言葉を作った大昔の人々からの贈り物なのです。

弥生《やよい》

「弥生の空は」の「弥生」は旧暦の三月の別名。草木がいよいよ生い茂る、という意味の「いや生《お》い」が語源と言われます。旧暦の月は現在の月より二〇～五〇日遅く始まるので、まさに、日本人が各地で桜をめでる時季です。

弥生という言葉は、ご存じのように日本史の一区分の名にもなっています。約二千年前の「弥生時代」です。それは、この時代ならではの特徴を持つ土器が東京の本郷区向ヶ丘弥生町、現在の文京区弥生で見つかったことに由来します。

では、なぜ、そこは「弥生町」という名だったのか。実は、かつてこの地域には水戸藩の屋敷があり、後に藩主となる徳川斉昭《とくがわなりあき》はそこで旧暦三月に花見を楽しみ、それを記念する石碑を作っていました。その碑文にあった「やよい」という言葉が明治になって町の名として採用されたのです。

つまり、殿様が弥生に桜を楽しんだので「弥生町」という町ができ、そこで土器が見つかったので、その土器が作られた時代を「弥生時代」と名づけた、ということ。どちらもちょっと強引な感じの命名ですね。伝わってくるのは、草木が生い始め、桜をめでる月の名「弥生」を私たち日本人が愛している、ということです。

「霞か雲か」→参照「霞か雲か」12ページ
「におい」→参照「におう」13ページ

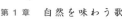

霞《かすみ》か雲か

霞か雲か

「霞か雲か」という言葉は、唱歌『霞か雲か』の題名であり、歌い出しの句ですが、『桜』の歌詞の中にも同じ句があります。どちらの歌も、桜を眺めて「あれは霞だろうか雲だろうか」と言っているのです。特に唱歌『霞か雲か』の場合、原曲であるドイツの歌の詞は「鳥のさえずりに春を感じる」という内容なのに、あえてこうした日本語の歌詞をつけています。

私たちにしてみると、桜と霞や雲はまったく似ていないのに、なぜこのような趣向の歌が二つも作られたのか。一言で言えば、それが桜をほめる「型」だからです。

桜を人里に植えて美しい花を楽しむ、という慣習が全国に広まったのは、実は江戸時代。それ以前の日本人にとって、桜は山の花でした。古代や中世の人々は、春、遠くの山の一部がほのかに白くなっているのを見ると「今年も桜が咲いた」「まるで山に霞か雲がかかっているようだ」と言い合い、歌の世界では、桜を霞や雲に喩えることが一つの定型となりました。

そのため、時代が下って、実際には市中で桜を楽しむようになっても、古典の素養が体に染み込んだ知識人たちはこの定型を使わずにはいられず、その結果、生まれたのが『桜』や『霞か雲か』の歌詞というわけです。

ちなみに、遠くの山で咲いている桜のことを「遠山桜《とおやまざくら》」といいます。この言葉、時代劇でおなじみの町奉行、遠山《とおやま》の金《きん》さんの背中にある彫り物の名としてよく知られていますが、この名称は、普通の名詞である「遠山桜」に金さんの名字の「遠山」を重ねた駄洒落なのです。

におう

『桜』や『霞か雲か』の歌詞には、「におい」や「におう」という単語が出てきますが、この「におい」「におう」は、目に映る美しさを表現する言葉です。

現代では、「におう」と言えばもっぱら嗅覚の話ですが、もともとは植物などがきれいな色を放ったり、景色に美しく映えたりしていることを言う言葉でした。百人一首にも入っている伊勢大輔《いせのたいふ》の「古《いにしえ》の奈良の都《みやこ》の八重桜《やえざくら》　今日九重《きょうここのえ》ににおいぬるかな」という歌は、「かつて奈良で咲いた山桜が、いまは京の宮中で美しく咲いているよ」という意味。「九重」は宮中の別名です。

はた

「霞か雲か　はた雪か」の「はた」は、いまの言葉で言うなら「もしかして」「ひょっとしたら」。何かを想像する過程で、二つめ、三つめの候補が浮かんでいることを示す言葉です。複数の選択肢のあいだで迷っていることを強調する際には、「さらに」「他方」という意味の「また」を付けた「はたまた」も使われます。

とばかり

「とばかりにおう」の「とばかり」は、ある状態が少しのあいだ続いたのちに終息する、という場面で、その「少しのあいだ」を表現する言葉。いまの言い方にすれば「しばらく」「暫時《ざんじ》」です。

百鳥《ももとり》

「百鳥さえも歌うなり」の「百鳥」は、鳥の名ではなく、「たくさんの鳥」あるいは「多種類の鳥」という意味の言葉です。

日本固有の言葉、いわゆる大和言葉では、百を「もも」、千を「ち」、万を「よろず」と言います。ただ、昔は一般の人がこのような大きな数を扱う機会はまれであり、実際には、これらの語はどれも「大きい数」「たくさん」を意味する言葉として使われました。

だから「百鳥」も「千鳥《ちどり》」も「たくさんの鳥」です。「千鳥」という語は、いまはチドリ科の鳥を指す学術的な単語でもありますが、もともとは、百鳥と同じ意味。この二つを合わせたような「百千鳥《ももちどり》」という語も、意味するところは同じです。

「百度《ももたび》」は多くの回数、「百草《ももくさ》」はさまざまな草、「百船《ももふね》」はたくさんの船、「百重山《ももえやま》」は幾重にも重なる山々です。唱歌『鯉のぼり』の三番には「百瀬《ももせ》の滝をのぼりなば」という歌詞がありますが、この「百瀬」は、たくさんの川の流れを指します。

→参照 「百瀬の滝」103ページ

さくら さくら

詞　不詳／曲　不詳

さくら　さくら
野山も里も見渡す限り
霞か雲か　朝日ににおう
さくら　さくら　花ざかり

（昭和16年の歌詞）

朝日ににおう……朝日に映えて美しい

かすみか雲か

詞　勝承夫《かつよしお》／曲　ドイツ民謡

一．かすみか雲か　ほのぼのと
野山を染める　その花ざかり
桜よ　桜　春の花

二．のどかな風に誘われて
小鳥も歌う　その花かげに
いこえばうれし　若草も

三．親しい友と来てみれば
ひときわ楽し　その花ざかり
桜よ　桜　春の花

（昭和22年の歌詞）

花かげ……花の咲いた木の下
いこえばうれし……くつろいで喜んでいる

一口メモ

『桜（さくら さくら）』はもともと琴の練習曲。『霞か雲か』の原曲はドイツ民謡です。どちらも、明治期、昭和期に一つずつ歌詞が付けられ、新旧両方の詞がいまも歌い継がれています。

早春《そうしゅん》賦《ふ》

詞　吉丸一昌《よしまるかずまさ》／曲　中田《なか だ》章《あきら》

一、春は名のみの風の寒さや
谷の鶯《うぐいす》　歌は思えど
時《とき》にあらずと声も立てず
時にあらずと声も立てず

二、氷解け去り葦《あし》は角《つの》ぐむ
さては時《とき》ぞと思うあやにく
今日も昨日も雪の空
今日も昨日も雪の空

三、春と聞かねば知らでありしを
聞けばせかるる胸の思いを
いかにせよとのこの頃《ごろ》か
いかにせよとのこの頃か

【歌詞の解釈】

一、暦は春だがそれは名だけで風が冷たい
鶯は（もう春なので）谷から出て
美しくさえずろうと思うものの
（寒いので）まだその時ではないと思い、声を出さない
（くりかえし）

二、すでに氷はとけ、葦は芽が出ている
さあ、もう春だと思ってはみたものの
昨日も今日も雪の舞う空だ
（くりかえし）

三、暦の上では春だと聞かなかったら、
それを意識せずにすんだのに
聞いたばかりに、早く春らしくなれと
思わずにいられないこの心を
どうしろというのだ、この季節は
（くりかえし）

春の小川

詞　高野《たかの》辰之《たつゆき》／曲　岡野《おかの》貞一《ていいち》

一．春の小川はさらさら行くよ
岸のすみれやれんげの花に
姿やさしく色うつくしく
咲けよ咲けよとささやきながら

二．春の小川はさらさら行くよ
えびやめだかや小鮒《こぶな》の群れに
今日も一日ひなたで泳ぎ
遊べ遊べとささやきながら

【歌詞の解釈】

一．春の小川はさらさらと流れる
岸に生えているすみれやれんげの花に
「優雅な形、美しい色で
咲けよ」とささやきながら

二．春の小川はさらさらと流れる
（川に住む）えび、めだか、小鮒の群れに
「今日も一日、ひなたで泳いで
遊べ」とささやきながら

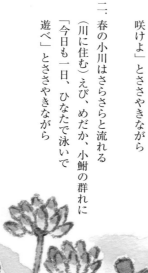

早春賦《そうしゅんふ》

春は名のみ

冒頭の「春は名のみ」という詩句《しく》は、肌で感じる季節と暦のずれを端的に言った言葉で、それがまさにこの歌のテーマです。

立春、立夏、立秋、立冬を四季の始まりとする暦は、昼夜の長さの変化など、多くの点で合理的なのですが、寒暖に関してはは実感にそぐいません。たとえば立夏はさわやかな5月の初めで、立秋は暑いさなかの8月上旬。私たちが春や夏の盛りだと感じているときに、暦は、もう夏だ、秋だ、と告げるのです。

それが特に強く感じられるのが立春です。立春はたいてい2月4日前後ですから、まさに厳寒と呼ぶべき時期。本当に春らしい陽気になるのは早くても1カ月先です。

つまり、この1カ月の気候を短文で表すなら「暦の上では春でも、それは名前だけで実質的には冬」。これを短い一言に縮めたのが「春は名のみ」というわけです。

谷の鶯《うぐいす》

鶯といえば、春から夏に聞かれるホーホケキョという美しいさえずりが有名ですが、実は冬も鳴いています。ただ「チッチッ」という地味な声なので、耳にしただけでは同じ鳥と思えません。

そこで、昔の人々は思いました。寒い季

節、鶯は人の目の届かない谷で過ごし、春になると野山に出てくるのだろう、と。そして、歌人はこの考えを歌に取り入れます。古今和歌集に収まる大江千里《おおえのちさと》の歌「鶯の谷より出《い》ずる声なくば　春くることを誰か知らまし」は「鶯が谷から出て鳴いてくれなかったら誰も春だとわからないだろう」という意味。ふつうに「鶯の声」と言えばいいところを、わざわざ「谷より出ずる声」という言い方をしています。

こうした歌が数多く作られた結果、いつしか「鶯の家は谷にある」というイメージができあがりました。ＪＲ山手線の「鶯谷《うぐいすだに》」駅もこれを踏まえた名称であり、この『早春賦』の「谷の鶯」という句も「実家で冬を越している鶯」というニュアンスを含んでいます。

角《つの》ぐむ

「葦《あし》は角ぐむ」の「角ぐむ」は、植物の芽が小さな角のように突き出ることです。「芽《め》ぐむ」は芽が出ること。その芽が角に似ているので「角ぐむ」です。

あやにく

「あやにく」は、予想と違って好ましくない状況になったことを表す言葉。現代の言い方に直すなら「あいにく」「具合の悪いことに」といったところです。「さては時《とき》ぞと思うあやにく」は「さあ、その時が来たと思ったのに、あいにく」という意味。ちなみに、この「あいにく」は「あやにく」が変化した言葉です。

春の小川

小川

誰でも知っている「おがわ」という言葉が、日本語の歴史において特別な意味を持つ、と言ったら驚かれるでしょうか。実は、この「おがわ」、現在、日常的に使われる言葉の中で、「お」の音が「小さい」という意味を表す唯一の単語なのです。

昔の人々は、ある事物が「小さい」とき、言葉の頭に「こ」や「お」をつけることでそれを表現しました。小さい山は「こやま」、小さい川は「おがわ」というように。そして「こ」のほうは、現代でも「小枝《こえだ》」「小魚《こざかな》」「小刀《こがたな》」「小荷物《こにもつ》」など多くの言葉の頭についていますが、「お」はほとんど使われなくなってしまいました。俳句や短歌では「おぶね（小舟）」「おざさ（小笹）」などの言葉を見ることがありますが、会話で使うことはありません。

それでも私たちが「小」の字を「お」と読めるのは、「小笠原《おがさわら》」「小田《おだ》」などの地名、人名があるから。でも、実際に「お」と発音しながら「小さい」ことをイメージするのは「おがわ」と言うときだけです。そう思うと「おがわ」という言葉が貴重な文化財に思えてきます。

すみれ

春にはいろいろな顔があります。「華や

かな春」の顔が桜、「のどかな春」が鶯なら、「可憐な春」の申し子がすみれです。地上十数センチの空間で、うつむき加減に咲くすみれを見ると、私たちはかわいさやけなげさを感じて応援したくなります。

ただ、そうしたかわいさに声高な称賛は似合いません。そこで松尾芭蕉は「山路《やまじ》来て何やらゆかしすみれ草《ぐさ》」と詠みました。山奥でそっと咲くすみれに上品さを感じ、心を惹かれた、という句。「すみれ草」の語が五七五の最後に出てくるので、いかにも奥ゆかしい感じですね。そして、『春の小川』の作者、高野辰之《たかのたつゆき》が用意したのは、「美しく咲きなさい」と小川に励まされる役どころ。まさに適役で、歌う者の心に、そのかわいさが染みます。

れんげ

すみれとともに小川に励まされるれんげ。私たちは「れんげ」「れんげ草」と呼びますが、これは花弁《かべん》の付き方がハスの花、すなわち「蓮華《れんげ》」に似ていることから付いた一種のニックネームで、植物事典に載る名称は「げんげ（紫雲英）」です。

でも、「げんげ」と「れんげ」、よく似ています。「げんげ」は「翹揺《ぎょうよう》」という漢語がなまった呼び名と言われていますが、ニックネーム「れんげ」の影響もあって「げんげ」に落ち着いたのかもしれません。

窒素を多く含むので、昔から田畑の脇で栽培され、そのまま土にすき込む「緑肥《りょくひ》」にされました。

↓参照「蓮華の花」136ページ

朧《おぼろ》月《づき》夜《よ》

詞　高野辰之／曲　岡野貞一

一．菜の花畑に入《い》り日《ひ》薄《うす》れ
見渡す山の端《は》　霞《かすみ》ふかし
春風そよふく空を見れば
夕月《ゆうづき》かかりて　におい淡《あわ》し

二．里《さと》わの火影《ほかげ》も森の色も
田中《たなか》の小路《こみち》をたどる人も
かわずの鳴く音《ね》も鐘の音《おと》も
さながらかすめる朧月夜

【歌詞の解釈】

一．菜の花畑の向こうに
沈む日の光が薄くなり
見渡すと山の稜線《りょうせん》も
かすんでぼんやりしている
春風がそよそよ吹く空を見ると
夕方の月が浮かんでいて
柔らかく空に映えている

二．集落の灯し火も
森の様子も
田んぼの道を
歩く人も
蛙の鳴き声も　寺の鐘の音も
すべてがかすんでいる
朧月の夕刻だ

朧月夜《おぼろづきよ》

入《い》り日《ひ》

「入り日」は、沈む太陽のことです。美しい言葉なのにあまり使われないのは、「朝日／夕日」「日の出／日の入り」のようなペアになる語句を持たないせいでしょうか。「入り日を返す勢い」という表現はいまも使われます。沈む太陽を呼び戻すほどの権勢を言う慣用句で、古代中国、楚《そ》の国の魯《ろ》陽公《ようこう》が戦いの最中に日没を迎えた際、戈《ほこ》を振って太陽を呼び戻した、という故事に基づく言葉。日本ではもっぱら平清盛《たいらのきよもり》の権力の大きさを語るときに使われます。

山の端《は》

「山の端」は、私たちが遠くの山を眺めたときの山の輪郭線。特に、空との境である稜線を指します。

昔の人々は、事物のへりを「は」と呼びました。私たちにおなじみの「はし（端）」は、この「は」をはっきりと伝えるために後ろに「し」をつけた語と考えられます。

いっぽうで、いまでも「は」という形のまま使われている例として「端数《はすう》」や「端切《はぎ》れ」、木材の端を意味する「木端《こっぱ》」などがあり、「山の端」もその一つです。「口の端《は》」は、私たちが口にする言葉の端々、噂話という意味で、「その件はもう世間の人の口の端に上《のぼ》っている」といった形で用いられます。

かかりて

「夕月《ゆうづき》かかりて」の「かかりて」は、いまの言葉にすれば「掛かって」。「カレンダーが壁に掛かっている」と言うときの「掛かって」と同じです。

昔の日本人は、太陽や月が空にあることを「かかる」と言いました。私たちは教科書や図鑑などで「太陽系の図」を見ていますが、そんな情報がまったくなかった時代の人々にとって、太陽や月は上の方にあるのに落ちてこないもの。であれば「掛かっている」と表現するのは当然です。「月がかかる」という言葉は、そうした昔の人々の心を伝えてくれます。

淡《あわ》し

「淡し」は「淡い」、すなわち「薄い」ことで、ここでは色合いが薄い、という意味。「におい」は、嗅覚でとらえる臭いではなく、目で感じる美しさのことです。

→参照「におう」13ページ

「淡し」から生まれた言葉に「淡《あわ》す」という動詞があります。渋《しぶ》を抜く、という意味で、たいていは柿について使われる言葉。この処理を施した柿が「淡《あわ》し柿」で、渋みを「薄くした」柿というわけです。「あわせ柿」と呼ぶ地方もあり、そこでは「合柿」という文字も見かけますが、語源を尊重するなら「淡せ柿」が正しい表記です。

里《さと》わ

「里わ」は「人里の辺り」を意味する言葉で「里み」とも言います。また、古くは「里み」だったのに、平安時代以降、誤って「里わ」が広まったとも言われています。

なぜ、そのようなことが起きたか、といえば、川や山裾などが曲線になっている地形やその周辺を、大昔の日本人が「わ」あるいは「み」と呼んでいたからです。この呼び方から、湾曲した川を指す「川《かわ》わ」、山裾の周辺を言う「裾《すそ》み」といった言葉も生まれました。

いまは、まったくと言っていいほど耳にしなくなった「わ」や「み」。これを伴う言葉の最後の生き残りが、『朧月夜』に出てくる「里わ」というわけです。

火影《ほかげ》

「火影」は、灯した火の光のこと。この「影」は「光るもの」という意味です。『朧月夜』が作られた大正期、夜の照明は囲炉裏《いろり》やランプの火と、炎のように光が揺れていた初期の電球。家々の窓に浮かぶ、そうした柔らかい光が「里わの火影」です。

かわずの鳴く音《ね》

「かわず」は蛙。松尾芭蕉《まつおばしょう》の「古池《ふるいけ》や蛙《かわず》飛び込む水の音」という俳句は有名ですね。

この『朧月夜』では、冒頭からずっと、目に見えるものについて朧《おぼろ》にかすんでいると言ってきたのに、この「かわずの鳴く音」からは、耳で聞く音もかすんでいる、という歌詞になります。でも、月が朧になる中で、蛙の声や鐘の音もかすむとはいったいどういうことでしょう。実は、朧になっているのは人々の感覚？　歌っている私たちの心も夕闇に溶けそうです。

さながら

「さながら」には、多くの用法がありますが、ここでは「すべて」という意味です。

基本的には「そっくりそのまま」ということ。だから、何かによく似た物を見つけた場面では「さながら○○のようだ」といった形で使われます。

いっぽう「そっくりそのまま」は「全体」という意味にもなります。たとえば「届いた荷物をそっくりそのまま転送して」と言うときは「全体」のことですね。「さながら」も同じように「すべて」を意味することがあり、この歌の場合もそう。「さながらかすめる」は「すべてがかすんで見える」という意味です。

朧月夜《おぼろづきよ》

「朧月夜」は、ぼんやりかすんだ月が出ている夜のことです。古くからある言葉で、源氏物語には「朧月夜尚侍《おぼろづきよのないしのかみ》」という女性が登場します。

「おぼろ」は、物の輪郭がはっきりしない様子を表す言葉です。ふつうの豆腐や昆布は形が明確。形が定まらないのが……、そう、朧豆腐《おぼろどうふ》、朧昆布《おぼろこんぶ》です。

夏は来《き》ぬ

詞　佐佐木信綱《ささきのぶつな》／曲　小山作之助《こやまさくのすけ》

一．卯《う》の花のにおう垣根《かきね》に
ほととぎす早《はや》もきなきて
忍び音《ね》もらす　夏は来《き》ぬ

二．さみだれのそそぐ山田《やまだ》に
さおとめが裳裾《もすそ》ぬらして
玉苗《たまなえ》植うる　夏は来ぬ

三．橘《たちばな》のかおる軒端《のきば》の
窓近く蛍飛びかい
おこたりいさむる　夏は来ぬ

【歌詞の解釈】

一．空木《うつぎ》の花がきれいな垣根に
ほととぎすが早くも来て鳴き
控えめに歌っている　夏が来た

二．初夏の雨が降り注ぐ山の田んぼに
田植えの女性たちが裾を濡らして
若い苗を植えている　夏が来た

三．橘の花が香る家の軒先の
窓の近くに蛍が何匹も飛び
怠けてはいけないと教える　夏が来た

四．おうち散る川辺の宿の
門《かど》遠く水鶏《くいな》声して
夕月《ゆうづき》涼しき　夏は来ぬ

五．さつきやみ　蛍飛びかい
水鶏鳴き　卯の花咲きて
早苗《さなえ》植えわたす　夏は来ぬ

四．梅檀《せんだん》の花が散る川のほとりにある家の
遠くから水鶏の声がして
夕刻の月が爽やかに美しい　夏が来た

五．（旧暦）五月の暗い夜、蛍は盛んに飛び
水鶏が鳴いて　空木の花も咲き
青々とした苗を田んぼ全体に植える
夏が来た

夏は来《き》ぬ

卯《う》の花

「卯の花」は、空木《うつぎ》の花のこと。白い小さい花が何百も集まって咲く様子は、古来、雪や雲にも喩えられ、多くの人に愛されてきました。名前の由来は、現在の五月から六月にあたる旧暦の四月、卯月《うづき》の頃に咲くこと。旧暦の時代は、四、五、六月を夏とする季節の区分も用いられていたので、その鮮やかな開花は、夏の到来の象徴でした。

ところで「卯の花」は、豆腐を作る過程で生まれる大豆の搾りかす、おからの別名でもあります。その心は、どちらも白くて、もこもこしていること。「おから」だと、おいしい部分を抜き取ったあとの「殻」という印象が拭えませんが、「卯の花」と言われれば、まずその美しさに思いが及びます。見事な命名ですね。

「におう」は、嗅覚の話ではなく、目に美しく映えることです。

→参照「におう」13ページ

早《はや》もきなきて

「早もきなきて」はわかりづらい句ですが、「早も」は「早くも」ということ。「きなきて」は、「来る」と「鳴く」が合体した「来鳴《きな》く」という動詞に、「歩いて」「食べて」などと同じように「て」がついた形です。つまり、全体では「早くも来て鳴いて」という意味。「来鳴く」という言葉は、万葉集にも見られる古い表現で、鳥がやって来て鳴くことを言います。

忍び音《ね》

「忍び音」は、人に関する話で使えば、ひそひそ声のこと。でも、ホトトギスについての話では、本格的な夏になる前の、小さめの鳴き声を指します。ホトトギスは初夏が近づくと南方から飛来し、秋には去るので、古くから夏の象徴。そのため、夏が来る前にその声を聞いた人々は「本当の出番はまだ先だと思って声をひそめている」と感じ、忍び音と呼んだのです。

夏は来《き》ぬ

「夏は来ぬ」の「ぬ」は、動作などが完了したことを示す言葉。「夏は来ぬ」は「夏が来た」ということです。

日本人にとって、夏という季節は「来た」と感じたときの喜びが最も大きいようで、持統天皇《じとうてんのう》の有名な歌、「春過ぎて夏来《きた》るらし　白妙《しろたえ》の衣《ころも》干したり天《あま》の香久山《かぐやま》」（万葉集）を始めとして、多くの人が「夏が来た」感慨を歌にしてきました。この『夏は来ぬ』は、いかにも夏らしい情景を五七五七七の短歌形式でつづったあと、念を押すように「夏は来ぬ」と宣言する歌詞を、一番から五番まで五回くり返す構成。長く愛される秘密はここにありそうです。

さみだれ

「さみだれ」は、漢字で書くなら「五月雨」。旧暦の五月、いまの六月から七月ごろに降る長雨のことです。ということは、私たちが「梅雨《つゆ》」と呼ぶ雨とほぼ同じもの。でも、昔の人はこの雨のおかげで田に水が行き渡り、田植えができることをとてもありがたく感じていたので、「さみだれ」という呼び名が広く使われました。「みだれ」とは、空から「水がたれる」こと。「さ」は、それを授けてくれる田の神を指す言葉と考えられています。「さなえ」や「さつき」「さおとめ」などの言葉にも名をとどめる神様です。

→参照「早苗」64ページ

裳裾《もすそ》

「裳裾」は着物の裾のことです。「裳《も》」は腰から下につける衣服の古い呼び名で、いまではほとんど耳にしませんが、その下端を指す「裳裾」という言葉は、裾を品よく表現したいときなどに使われます。また「裳裾を濡らす」は、水辺にいる女性を描写するときに使われる古典的な表現です。

玉苗《たまなえ》

「玉苗植うる」の「玉苗」は、田植えをする時期の青々とした苗のこと。五番に出てくる「早苗《さなえ》」も同じです。

「玉苗」の「玉」は、日本人が神々しい美しさや神秘性を感じるものに対して用いてきた言葉で、その語源を探ると古代からある「たま」という語に行き着きます。

太古の昔、私たちの先祖は、人を始めとする諸々の生き物の「心」について神秘的な要素を見てとり、その外見については「球形で美しく光っている」と思っていたようです。その名が「たま」。これを強めた言い方が「たましい」であり、単独で空中を飛ぶときは「人だま」、火のように明るいときは「火のたま」と呼ばれました。

そして、この「美しく光る球形」のイメージが、三種類の「たま」の用法を生みます。

一つは、宝石や真珠でできたアクセサリーや祭祀《さいし》用具を言う「玉」という語。基本的には丸いものを指しますが、美しく、また貴重な石でできていれば、球形でないものも「まが玉」などと呼ばれるようになりました。

二つめは、こうした「玉」の用法が拡大したもので、遊びに用いる球など、球形のもの全般を言う「たま」です。私たちも、野球やサッカーのボールを「たま」と呼びますね。

三つめが、この歌に出てくる「玉苗」の「玉」。すなわち、ある物が神秘的な美を帯びていることを「玉○○」という形で表現する用法です。「玉串《たまぐし》」は神社に捧げる榊《さかき》などの枝。「玉垣《たまがき》」は社殿の垣根のことです。稲の苗も「玉苗」と呼べば神秘的な美を湛《たた》える植物であり、若々しい緑色が神々しく感じられます。

「橘」→参照　「橘かおる」102ページ
「軒端」→参照　「軒端」106ページ

おこたり／いさむる

「おこたりいさむる」の「おこたり」は、やるべきことをおこたる、すなわち、なまけること。「いさむる」は、いまの言葉で言えば「いさめる」で、「〇〇をしてはいけない」と忠告すること。したがって全体では「なまけてはいけないと忠告する」という意味になります。

忠告してくれるのは、「窓近く」を飛びかう「蛍」。この部分の歌詞は、貧しい青年が蛍の光を借りて夜も勉強し、出世した、という中国の故事を下敷きにしています。つまり、蛍は「私の放つ光で勉強ができるはず。だから、夜もなまけてはだめ」と呼びかけている、というのです。

このように説明すると、まるで「勉強」が主題の歌のようですが、この『夏は来ぬ』は夏の風物を歌う唱歌であり、説教臭さはどこにも感じられません。この部分に関しては「窓辺の蛍は、あの蛍の光の故事を思い出させる」ぐらいに解釈するのが適当でしょう。

→参照　「蛍の光／窓の雪」92ページ

おうち

「おうち散る」の「おうち」は、家具などの材料となる木、栴檀《せんだん》の和名。漢字では「楝」あるいは「樗」と書きます。栴檀と聞くと、「栴檀は双葉《ふたば》より芳《かんば》し」ということわざが浮かびますが、このときの栴檀は香木《こうぼく》として使われる白檀《びゃくだん》のこと。同じ栴檀という名でも、「おうち」は香りません。

それでも、群がって咲く薄紫の小さな花は昔から人々に愛されてきました。清少納言は枕草子の中で、おうちの木は形がよくないが、花の咲き方がおもしろい、と思いをつづっています。

門《かど》遠く／水鶏《くいな》

「水鶏」はクイナ科の鳥の総称ですが、ここで歌われているのは夏に姿を見せる緋《ひ》水鶏《くいな》です。体長は20センチ余り。背中は地味な褐色《かっしょく》ですが、顔から胸が赤みを帯びているので、緋色《ひいろ》の水鶏ということで緋水鶏。テンポよく、ピョ、ピョ、ピョと鳴く声は、詩歌の中で「門の戸を叩く」ことに喩えられてきました。

この歌では「水鶏声して」の前に「門遠く」という句があります。もちろん「家から遠いところで」という意味ですが、それに加えて「門の戸を叩くはずの水鶏が、門から遠く離れたところで、でも、戸を叩くように鳴いているなあ」という、高い教養を持つ人ならではの感想をにじませる役割を果たしています。

さつきやみ

「さつきやみ」は、漢字で書くなら「五月闇」。旧暦の五月頃、いまの暦だとおおよそ六月から七月の暗い夜を指す言葉です。「さみだれ」の季節なので、月が雲に隠れて現れない日が多く、電灯のない時代には夜がとても暗く感じられたのです。

我《われ》は海の子

詞　不詳／曲　不詳

一．我は海の子　白波《しらなみ》の
さわぐ磯辺《いそべ》の松原《まつばら》に
煙たなびくとまやこそ
わが懐かしきすみかなれ

【歌詞の解釈】

一．私は海の子だ　白波が
音を立てる海岸の、松の木の原で
煙を出しているあの粗末な小屋が
私の大好きな家だ

二、生まれて潮《しお》にゆあみして
波を子守の歌と聞き
千里《せんり》寄せくる海の気《き》を
吸いてわらべとなりにけり

三、高く鼻つく磯の香《か》に
不断《ふだん》の花の香りあり
なぎさの松に吹く風を
いみじき楽《がく》とわれは聞く

二、生まれたときは海水を産湯《うぶゆ》に使い
波音を子守歌にして眠り
遥か遠くから来る海の空気を
吸い込んで成長し幼児になった

三、鼻につんとくる磯の匂いにも
私は永遠の花の香りを感じる
海岸の松の木に吹きつける風の音も
私は素晴らしい音楽として聞く

我《われ》は海の子

磯辺《いそべ》／松原《まつばら》

「磯辺」は岩石の多い海岸のことです。「さわぐ」は、その岩にぶつかる波が、大きな音とともにしぶきをあげる様子。「磯辺の松原」は、そうしたにぎやかな海辺のすぐ近くにある松原、ということでしょう。

「松原」は、松が多く生えている平地です。もちろん内陸にもありますが、防風林として浜に設けられる松原は「白砂青松《はくしゃせいしょう》」と呼ばれる美しい風景を生むことが少なくありません。観光地になっている静岡市の三保《みほ》の松原や福井県敦賀《つるが》市の気比《けひ》の松原も海岸です。

たなびく

「煙たなびくとまやこそ」の「たなびく」は、空中に浮遊するものが横に長く伸びている様子を言う言葉です。古い和歌などでは、主として雲や霞が水平に広がることを「たなびく」と表現していますが、この歌は小屋から出る煙が「たなびく」と言っています。煙は本来、上に立ちのぼるもの。それが横に伸びているということは、海風が吹いているのです。

とまや

「とまや」は「とまで屋根を葺《ふ》いた家」と

いう意味。「とま」は、スゲなどで編んだむしろのようなものです。これを使えば、板葺《いたぶ》きや瓦葺《かわらぶ》きよりも簡単に屋根ができますが、傷むのも早く、見た目も土臭い。そのため、屋根にとまを用いるのはたいてい貧しい家でした。そのことから、「とまや」という言葉は単に「粗末な家」という意味でも使われます。

しかし、この歌には「とまや」を恥じたり悲しんだりする様子がまったく感じられません。自分は海の子だと誇らしく語る「我」は、とにかく元気いっぱいで、「潮にゆあみ」「波を子守の歌」といった言葉の端々から伝わるのは、「海から大きな恵みを得て健やかに育つためには、家は貧しいぐらいがいい」というメッセージ。この大らかですがすがしい価値観こそ、唱歌『我は海の子』の最大の魅力です。

懐かしき

「わが懐かしきすみかなれ」の「懐かしき」は「大好きで離れたくない」という意味です。この歌の語り手である「我」はまだ若者。成人し、遠くへ行ってから故郷を懐かしんでいるわけではありません。

「懐かしい」という語のルーツは「慣れ親しむ」「慕う」という意味の動詞「なつく」。この言葉から生まれた形容詞が「なつかしい」ですから、もともとの意味は「心を惹かれている」ことです。現在は、もっぱら過去に関する心情を述べるときに使われますが、これは中世以降の用法。万葉集や源氏物語には出てきません。

ゆあみ

「生まれて潮《しお》にゆあみして」の「ゆあみ」は、湯をあびたり、湯に浸かったりすることです。昔は「あびる」ことを「あむ」とも言ったので、湯をあびることは「ゆあむ」。その名詞形が「ゆあみ」です。

ただ、この歌ではその前に「生まれて」とあるので、ただの入浴ではありません。人生初の入浴、産湯《うぶゆ》です。映画「男はつらいよ」の主人公である〝フーテンの寅〟さんは「帝釈天《たいしゃくてん》で産湯を使い」と出生地を自慢していましたが、この歌の「我」も海が大好きなので、自分は「潮」、すなわち海を産湯にしたと、大らかなほらを吹いているわけです。

千里《せんり》寄せくる

「千里寄せくる」の「千里」は、文字通りに計算すれば1里の千倍で約四千キロですが、実際には「気が遠くなるほどの長距離」を表すために使われる言葉です。ことわざ「千里の道も一歩から」の千里もそう。「千里寄せくる海の気《き》」は、遥かな外洋から流れてくる空気、ということです。

わらべ

「わらべ」は子どもです。「わらべ歌」は子どもたちの間で歌いつがれている歌。唱歌『野ばら』の冒頭の「わらべは見たり」という歌詞も有名ですね。

語源は、髪を束ねていない状態を指す「わ

らわ」という語で、この言葉が、まだ髪を束ねる前の幼い子を指すようになり、発音も変化した、という説が有力です。

不断《ふだん》の花

「不断の花」は「絶えることなくずっと咲いている花」という意味です。「不断」は、途切れないこと。「不断の努力が大切」といった使われ方をします。

「ふだんは口数が少ない」「ふだん着」といった形で私たちがよく使う「ふだん」は、漢字を使う場合、たいてい「普段」と書きますが、もともとはこの「不断」です。一見、遠く離れた意味のようにも思えますが、「途切れない」ことは、言い換えれば「常にそうである」こと。そのため「通常」「平素」という意味でも使われるようになり、そうなると「不断」の字は似合わないので「普段」と書く習慣が定着しました。

いみじき楽《がく》

「いみじき楽」の「楽」は音楽のことです。現代の日常生活において「楽」だけで使うことはめったにありませんが、「楽の音」と言えば楽器が奏でる音のこと。舞台などの出演者が待機する場所を言う「楽屋」という語は、もともとは音楽を奏でる「楽《がく》人《じん》」たちの部屋、という意味です。

「いみじ」は、程度がはなはだしい、すごい、という意味です。良いことにも悪いことにも使われますが、ここは良いほう。「いみじき楽」は「素晴らしい音楽」です。

紅葉《もみじ》

詞　高野辰之／曲　岡野貞一

一、秋の夕日に照る山紅葉《やまもみじ》
濃いも薄いも数ある中に
松をいろどる楓《かえで》や蔦《つた》は
山のふもとの裾模様《すそもよう》

二、谷の流れに散り浮く紅葉《もみじ》
波に揺られて離れて寄って
赤や黄色の色さまざまに
水の上にも織《お》る錦《にしき》

【歌詞の解釈】

一、秋の夕日を浴びて輝く山紅葉
濃い色、薄い色の葉がたくさんある中で
松の木の周囲で色を放つ楓や蔦は
着物の裾の模様のように山裾を飾っている

二、散って渓谷を流れる紅葉
流れる水の上で離れたり寄ったりしている
赤や黄の葉がそれぞれの色を用いて
水上で錦の布を織っている

七つの子

詞　野口雨情《のぐちうじょう》／曲　本居長世《もとおりながよ》

からす　なぜ鳴くの
からすは山に
かわいい七つの子があるからよ
かわいい　かわいいとからすは鳴くの
かわい　かわいと鳴くんだよ
山の古巣《ふるす》へ行ってみてごらん
まるい目をしたいい子だよ

【歌詞の解釈】

からすはなぜ鳴くの？
それは、住みかである山に
かわいい幼子がいるからよ
かわいい、かわいいと
からすは鳴いている
かわいい、かわいいと
鳴いているの
山の住みかに行って見てごらん
目がまんまるの
いい子ですよ

紅葉《もみじ》

山紅葉《やまもみじ》

「山紅葉」は山の紅葉《もみじ》。すなわち、山を眺める私たちの目に映る、木々の紅葉《こうよう》のことです。

きれいな言葉の割に使われないのは、おそらく発音のせいでしょう。マ行の音が続くため唇を合わせたり離したりする動きの忙しいこと。まるで早口言葉です。

でも、こうした厄介な唇の動きは、それをゆったり歌うときには、むしろ趣やおもしろみになります。口を自在に動かす喜び、とでも言えばいいでしょうか。この歌には、「山紅葉」のほかにも「松」「模様」など、マ行の音が多くあり、この喜びをたっぷり味わわせてくれます。

裾模様《すそもよう》

「裾模様」は、和服の下端、「裾」の部分に描かれている模様のこと。唱歌『紅葉』では、色づいた楓《かえで》や蔦《つた》をこれになぞらえています。

では、なぜ、わざわざ着物の「裾」の部分の模様に限定するのか、といえば、山のふもとはしばしば裾に喩えられるからです。着物の裾は、座ったときなどに「下のほうが緩やかに広がる」もの。人々は山の麓《ふもと》にも同じ形を見て、そこから「山裾《やますそ》」という言葉も生まれました。

つまり、楓や蔦の紅葉は、山にとっての「裾」の辺りで輝く、美しい色彩。だから「裾模様」というわけです。

錦《にしき》

「錦」は、多くの色糸《いろいと》を使って華やかな模様を織り出した布で、古来、最も豪華な織物とされてきました。

昔話の絵本を思い出してみてください。西洋の物語では、王様や領主の部屋には黄金の玉座《ぎょくざ》や毛皮の衣装などがありましたが、日本の話だと、殿さまやお金持ちの家を飾っていたのは、たいてい錦の衣装だったはず。日本の文化におけるぜいたくの象徴は、黄金や宝石よりも、まず錦の織物でした。この唱歌『紅葉』では、そんな錦が織られる様子を、谷を流れる葉の中に見いだしているわけで、まるで映画を見るよう。「動きのある美」が伝わる見事な描写です。

「錦」という語は、ことわざや慣用句の世界でもさまざまな形で使われています。「故郷に錦を飾る」は、文字通りには、美しい錦の着物で自身を飾って故郷に帰る、という意味ですが、出世や成功の後、誇らしく帰郷《ききょう》することを言います。「錦の御旗《みはた》」は、赤い地に金糸、銀糸で太陽と月を織り出した旗で、官軍の象徴。最近では、議論などの際に自らの主張を権威づける大義名分、という意味で多く使われています。

相撲の世界を思っても、大錦《おおにしき》、小錦《こにしき》、琴《こと》錦《にしき》など、錦のつくしこ名を持つ名力士がいっぱい。日本文化における「錦」の重みに気づかされます。

七つの子

からす

童謡『七つの子』の第一の特徴は、「かーらーす」という歌い出しとその後にくり返される「かーわーい」のどれもが「かー」という音を響かせること。もちろん、そこにはからすの鳴き声のイメージが重ねられています。私たちはこの童謡を歌うたびに、からすの声を真似しているわけです。

どうして、こんなおもしろい趣向が生まれたのか。「かーわい」の部分については、子への愛情を表す多くの言葉の中から、作詞の野口雨情《のぐちうじょう》が「か」で始まる「かわいい」を選んで用いたから。でも、冒頭の「かーらーす」はちょっと事情が違います。

実は「からす」という言葉そのものも、からすの鳴き声に由来するのです。語源辞典によると「から」は鳴き声の擬音。「す」は、「うぐいす」「ほととぎす」など、多くの鳥の名に付くので、鳥を意味する接尾語と考えられるそうです。つまり、私たちはからすの鳴き声を「かー」だと思っていますが、昔の人は「から」と聞いたのです。確かにハシボソガラスのやや濁った声などは、ちょっと巻き舌でRの音が入っているようにも聞こえますね。

つまり、おもしろい趣向は、「からす」という言葉を作った大昔の人々と野口雨情の合作というわけです。

七つの子

「七つの子」という言葉については、「七羽の子」か「七歳の子」か、という議論があり、いまも決着がついていません。からすが一度に産む卵は多くて5個。いっぽう7歳はもう成鳥。つまり、どちらの説にも大きな弱点があるので困ってしまいます。

そんな中で私が説得力を感じるのは、金田一春彦《きんだいちはるひこ》氏が唱えた、「七つの子」は慣用句、という説です。金田一氏によると、室町時代の歌の中に「七つになる子がいたいけなこと言うた」という詞があり、ここから子どものかわいい盛りを象徴する年齢として「七つ」が使われるようになった、とのこと。西條八十《さいじょうやそ》作詞の童謡『お月さん』の中に出てくる「わたしは七つの親なし子」の「七つ」もその一例だそうです。だから『七つの子』の作詞者である野口雨情も「かわいい盛りの子」という意味で「七つの子」という言葉を使った、という見方。私は膝を打ったのですが、いかがでしょう。

古巣《ふるす》

「古巣」には、文字通りの「古い巣」以外に「慣れ親しんだ家や集団」という意味もあり、この歌の「古巣」も、からすの親子が慣れ親しんでいる巣のことです。

最近、この言葉をよく耳にするのは、移籍したスポーツ選手が話題になっている場面。「古巣を相手に大活躍」といった形で使われています。この場合は「かつて慣れ親しんだ集団」ということですね。

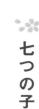

コラム１

「唱歌」とは

唱歌と童謡の違いをご存じですか？

子ども時代に覚える歌、ということでは共通する二つの言葉ですが、歌の愛好家や研究者の間では明確に区別されて使われています。ここでは唱歌について説明しましょう。

唱歌とは、明治から昭和前期にかけて、子どもたちに音楽の基礎を教えるために学校が用意した歌曲のことです。

明治初期の日本人はドレミ……の西洋音階で作られた歌をほとんど知らず、もちろん五線譜を見て歌ったり演奏したりすることもできませんでした。そこで、あらゆる面で西洋に追いつくことを目標にしていた近代日本の指導者たちは、まず学校の授業で子どもたちに西洋音階の曲を歌わせることにします。その教科名が「唱歌」であり、そこで教える歌も唱歌と呼ばれるようになりました。

あくまで教材なので作者は発表されず、いまだに誰の作かわからない歌も少なくありません。また、いま思えば、それまでの日本音楽の伝統を無視した、かなり強引な教育でしたが、しかし、そこから『朧月夜《おぼろづきよ》』『故郷《ふるさと》』などの名曲が生まれ、いまも私たちを癒し、励ましてくれているわけです。

「童謡」については、コラム２（84ページ）でご紹介します。

第2章

生活を尊ぶ歌

かつての生活が垣間見える
日々の営みを愛でる言葉の数々

故郷《ふるさと》

詞　高野辰之／曲　岡野貞一

一、うさぎ追いしかの山
小鮒《こぶな》釣りしかの川
夢は今もめぐりて
忘れがたき故郷

二、いかにいます　父母
恙《つつが》なしや　友《とも》がき
雨に風につけても
思いいずる故郷

三、こころざしを果たして
いつの日にか帰らん
山は青き故郷
水は清き故郷

【歌詞の解釈】

一、うさぎを追いかけたあの山
小鮒を釣ったあの川
今でもたびたび夢に出てきて
忘れられない故郷だ

二、どうしていらっしゃいますか、
父さん母さん
元気でいますか、友だち
雨が降っても風がふいても
思い出す故郷だ

三、人生の目標を成し遂げて
いつか帰ることになるだろうか
山が青々としている故郷へ
水が美しく澄む故郷へ

故郷

作詞者、高野辰之が子どもだった頃、生地である長野県下水内郡永江村《しもみのちぐんながえむら》、現在の中野市近辺では、冬の行事として集団でのうさぎ狩りがおこなわれており、「うさぎ追いし」の詞は、その様子を回想したものと言われています。子どもたちがうさぎを追い、待ち受けるおとなたちが捕獲する、という分担だったようです。

かの

「かの山」「かの川」の「かの」は、離れたところにあるものを指す「か」という言葉に助詞の「の」がついた語句。いまの言葉にすれば「あの」です。現代の会話ではあまり使われませんが、「かの地では」「かの有名な」というフレーズはときおり耳にたりしたのが過去であることを示します。

追いし／釣りし

「うさぎ追いし」の「追いし」は、「追った」という意味です。

過去の話をするとき、私たちは「○○があった」と「た」で文を終わらせますが、昔は「○○ありき」のように、最後に「き」という語をつけていました。この「き」は、続く言葉が名詞のときには「ありし日」「過ぎし夏」のように「し」に変わります。「うさぎ追いし」「小鮒釣りし」の「し」は、この「し」。うさぎを追ったり小鮒《こぶな》を釣っ

しますね。

故郷《ふるさと》

「ふるさと」は昔からある言葉で、古くは「かつて栄えた土地」「生まれ育ったところ」「なじみのある場所」という三つの意味で使われていました。

たとえば、百人一首にも入っている紀貫《きのつら》之《ゆき》の歌「人はいさ心も知らずふるさとは花ぞむかしの香《か》ににおいける」の「ふるさと」は、「なじみのある場所」のこと。この歌は「人の心は変わっても、なじんだ場所の花は昔どおり咲いている」という意味です。

しかし近代になると、「故郷」という漢字を当て、「生まれ育った土地」という意味で使われるケースが圧倒的に多くなります。これは、育った家を出て遠い都会で働く人々が増えたからでしょう。離れて初めて、その風景や空気が自分の一部だったことに気づき、愛おしく感じられるのが、実家や近所の景色。「ふるさと」という言葉はそうした思いを伴う郷里の呼称になったのです。

懐かしい場所を回想する「うさぎ追いしかの山」という詩句で始まり、目に焼き付いた美しい風景をつづる「山は青き故郷水は清き故郷」で結ばれる唱歌『故郷』の歌詞は、まさにこの「ふるさと」の意味をなぞるもの。そして、この歌が広く愛され、歌われることで、「ふるさと」という単語によって思い起こされるこのニュアンスは、より色濃くなっているように思います。

います

二番の冒頭、「いかにいます」の「います」は、私たちが「今日は家にいます」と言うときの「います」ではありません。

「天にまします神」という言い方がありますが、この「まし」の部分の基本形は「ます」で、漢字で書くなら「坐す」。「居る」の尊敬語で、「いらっしゃる」という意味です。

「いかにいます」の「います」は、この「坐す」の頭に、語調を整えるための「い」をつけた言葉。したがって、意味は「坐す」と同じく「いらっしゃる」です。

つまり、「いかにいます」は「どうしていらっしゃるだろう」あるいは「どうしていらっしゃいますか」という意味。深い敬意が感じられる言葉です。

恙《つつが》なしや

「恙なしや」の「恙なし」は、健康である、ということ。最後の「や」は疑問を表すので「健康か？」という意味になります。

「恙なし」の語源に関するよく知られた俗説は、病気を媒介するダニの一種、ツツガムシがいない状態を言う「つつがなし」という言葉があり、それがのちに「健康」という意味に変わった、というもの。でも、国語辞典の多くはこれを採用していません。

古代、病気になることを言う「つつむ」という言葉が使われており、その名詞形が「つつみ」。だから「つつみなし」は「健康」という意味で、これが「つつがなし」に変化した、という説が有力です。

友がき

二番の二行めについては、「恙なしや友だち」と歌った記憶をお持ちかもしれません。現在、「友がき」という語はほとんど使われないので「友だち」に変えている楽譜や歌集が少なくありませんが、もともとは「友がき」です。

「友がき」は、漢字で書くなら「友垣」です。頑丈な垣根を作りたいとき、私たちは木材などをしっかり「組む」ことで風雨に負けないものにしようと努めますが、人と人のつながりにおいても、互いを信じて固く「組む」ことができれば、厚い信頼関係を築けるはず。ということで、友人関係を垣根に見立てた言葉が「友がき」です。

つけても

「雨に風につけても」の「つけても」は、たいてい「〇〇につけても」という形で用いられ、その意味は「〇〇がきっかけで心が動くたびに」あるいは「〇〇がきっかけでいつも思うのは」といったところ。「それにつけてもおやつは……」と歌う菓子のコマーシャルは有名ですね。

「雨に風につけても」は「雨につけても風につけても」をまとめた形。雨が降るたびに故郷の雨を思い出し、風が吹くたびに故郷の風を懐かしんでいる、ということです。

「いつの日にか帰らん」→参照「いずれの日にか／帰らん」191ページ

茶《ちゃ》摘《つみ》

詞　不詳／曲　不詳

一．夏も近づく八十八夜《はちじゅうはちや》
野にも山にも若葉が茂る
「あれに見えるは茶摘みじゃないか
茜《あかね》だすきに菅《すげ》の笠《かさ》」

二．日和《ひより》つづきの今日この頃を
心のどかに摘みつつ歌う
「摘めよ摘め摘め　摘まねばならぬ
摘まにゃ日本の茶にならぬ」

【歌詞の解釈】

一．夏が間近な「八十八夜」の日が来て
野にも山にも若葉が茂っている
（人々は歌っている）
「あそこに見えているの茶摘みではないか
（女性たちが身につけているのは）
茜色のたすきと菅で作った笠だ」と

二．いい天気が続くこの頃の気候を
快く感じて、
人々は茶摘みをしながら歌っている
「摘め、摘め、摘まなければならない
摘まないと日本の茶にならない」と

茶摘《ちゃつみ》

八十八夜《はちじゅうはちや》

「八十八夜」は、立春から数えて八十八日めにあたる日のことです。いまの暦だと5月1日、2日あたり。古くから、この日を過ぎればもう霜は降りない、とされ、多くの農家が種まきなどの作業を始める指標としてきました。「夜」の字が気になりますが、おそらく「八十八の夜を越えて迎えた日」ということでしょう。赤ちゃんが生まれて七日めのお祝いも「お七夜《しちや》」ですね。

「八十八夜」のような季節の節目を表す言葉が作られ、大事にされたのは、明治初年まで用いられていた旧暦に大きな弱点があったからです。旧暦は、月の満ち欠けに沿って月や日を決める暦であり、満ち欠けは季節と関係なく移り変わります。だから、ある年は立春の前に元日が来るけれど、次の年は立春をかなり過ぎてから元日になる、といった具合で、日づけが季節の中をうろうろ。そこで、季節について正確に知りたい農家の人々は、毎年、今年の立春や八十八夜がいつになるかを学び、それをもとに農作業の計画を立てました。

つまり、旧暦の時代は、茶摘みなどの農作業に適した「立春から八十八日めの日」を、決まった日づけで表現できなかった。だから「八十八夜」という言葉が作られ、「今年の八十八夜はいつ?」といった形で多くの人に用いられた、というわけです。

あれに見える

　私たちが口にする「あれ」は、遠くにあると感じられる物などを示す言葉ですが、「あれに見えるは」の「あれ」は、物や事柄ではなく、遠くの場所です。昔は「あれ」だけでなく、「これ」「それ」なども場所を示すために使われており、たとえば時代劇では「あれにおわすは」「これへどうぞ」「それに控えろ」といった台詞を聞くことができます。現代劇では「あそこ」「ここ」「そこ」ですね。

　ところで、この「あれに見えるは」から「菅の笠」までは、この歌の作者の心に湧いた言葉ではありません。歌詞の前半は作者の言葉ですが、後半は聞こえてきた茶摘み歌をそのまま紹介する、というのが、この『茶摘』の体裁。二番も同じです。実際、京都の宇治地方にはこれとほぼ同じ歌詞を持つ茶摘み歌が伝わっているそうです。

茜《あかね》だすき

「茜だすき」は、茜という、その名の通り赤い根を持つ植物で染めた、やや黄色がかった赤色のたすきのことです。

　稲や茶を育てる農家にとって、田植えや稲刈り、茶摘みなどの作業は、田畑の神に感謝、祈願する神事という側面があり、若い女性は神様に喜んでもらえる存在として中心的な役割を担いました。また、村中の人が集う場合が多いので、女性たちにとってはまさに晴れの舞台。美しい茜だすきは、いわばその正装でした。

いなかの四季

詞　堀沢周安《ほりさわちかやす》／曲　不詳

一．道をはさんで畑《はた》一面に
麦は穂が出る　菜《な》は花盛り
眠る蝶々　飛び立つひばり
吹くや春風　たもとも軽く
あちらこちらに桑摘《くわつ》む乙女《おとめ》
日まし日ましにはるごも太る

二．並ぶ菅笠《すげがさ》涼しい声で
歌いながらに植えゆく早苗《さなえ》
長い夏の日　いつしか暮れて
植える手先に月影動く
帰る道々　あと見返れば
葉末《はずえ》葉末に夜露《よつゆ》が光る

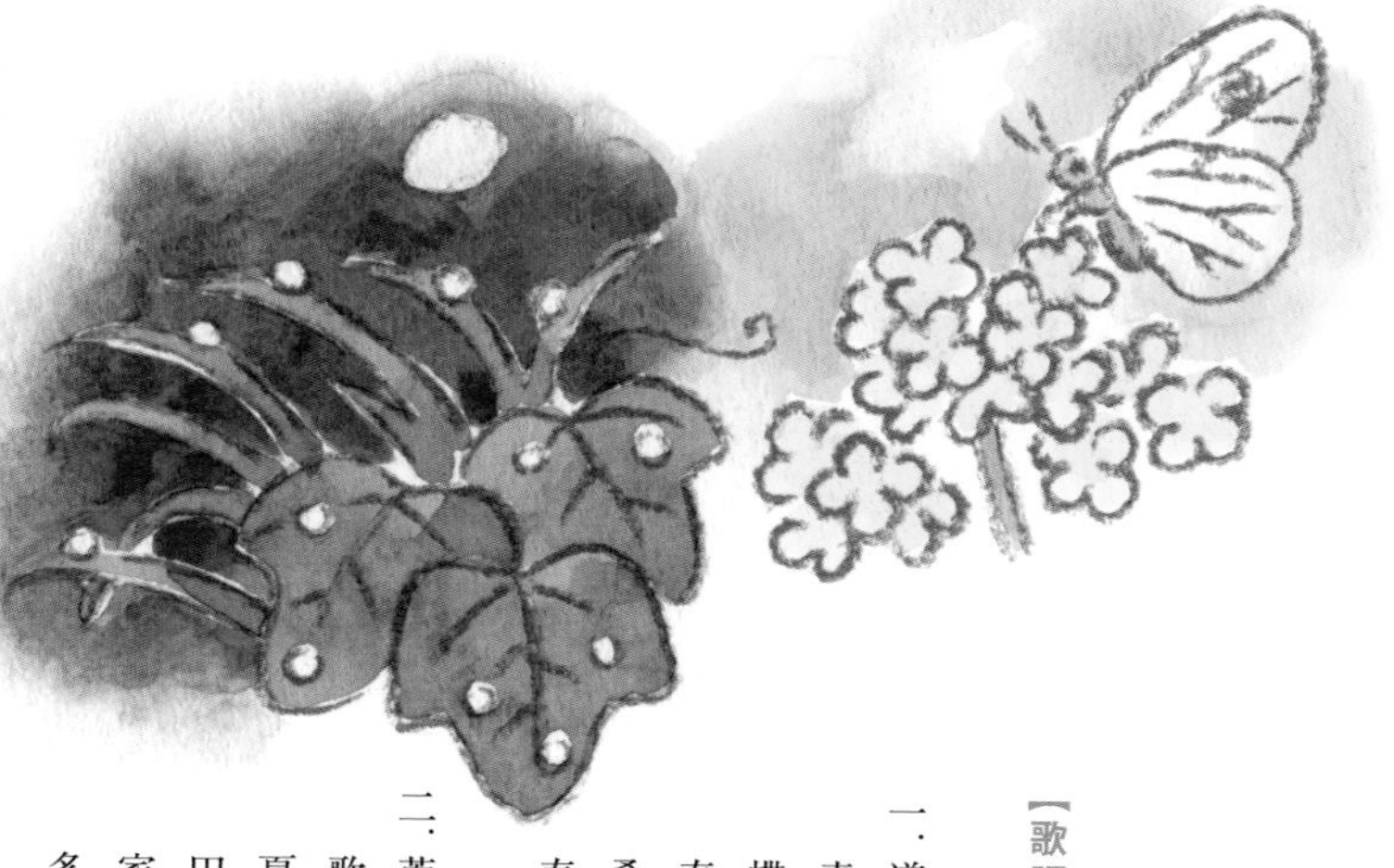

【歌詞の解釈】

一．道の両側の畑全体に
麦の穂や野菜の花が広がり
蝶は休み、ひばりは飛ぶ
春風の中　軽やかに手を動かして
桑の葉を摘む少女があちこちにいる
春の蚕《かいこ》も日毎に大きくなる

二．菅笠をかぶり、爽やかな声で
歌いながら、稲の苗を植える
夏の長い一日もいつのまにか暮れ
田植えをする水面に月影が揺れる
家に帰りながら振り返ると
多くの葉の端に夜露が光っている

三．二百十日《にひゃくとおか》も事なく済んで
村の祭の太鼓が響く
稲は実が入《い》る　日和《ひより》は続く
刈って広げて　日に乾かして
籾《もみ》にしあげて　俵《たわら》につめて
家内《かない》そろって笑顔に笑顔

四．そだを火に焚《た》く囲炉裏《いろり》のそばで
夜はよもやま話《はなし》が弾む
母が手際《てぎわ》の大根なます
これがいなかの年越しざかな
棚の餅《もち》引くねずみの音も
更《ふ》けて軒端《のきば》に雪降り積もる

三．台風の多い二百十日も無事過ぎて
村祭りの太鼓の音が響く
稲の実も膨らみ　いい天気が続く
稲を刈って広げ　天日で乾かし
穂から実を落として　米俵に詰め
家族みんなで笑顔になる

四．小枝を燃す囲炉裏を囲んで
夜はあれこれとおしゃべりをする
母の作った見事な大根のなます
いなかではこれが年越しの料理だ
棚の餅を取ろうとするねずみの音も
やがて静まり　軒には雪が積もる

いなかの四季

たもと

「たもと」はおもしろい言葉です。ただ「たもと」といえば、人の腕や衣服の袖を指しますが、橋の近辺や山裾も「橋のたもと」「山のたもと」と呼ぶのですから。一気にスケールが大きくなる感じですね。

これらの「たもと」に共通しているのは、胴体や橋、山など、本体と呼べるものの周辺にあること。したがって、語源は体の周辺に必ずある「手」のあたりを指す「手もと」だと考えられます。古くは「手のあたり」を差す言葉として「てもと」「たもと」の両方が使われ、やがて、文字通りの意味では「てもと」、衣服や橋については「たもと」という、意味の棲《す》み分けができたのでしょう。

この歌の「たもと」は衣服の袖です。「たもとも軽く」は、次の行の「桑摘《くわつ》む乙女《おとめ》」につながる句。つまり「たもとも軽く桑摘む乙女」となり、「手を軽やかに動かして桑の葉を摘む女性」という意味です。「手」という直接的な語ではなく「たもと」と表現することで、動きがより優雅に感じられます。

桑摘《くわつ》む乙女《おとめ》

「桑摘む乙女」は、蚕《かいこ》の餌にする桑の葉を摘む女性たちのことです。

明治期から昭和の前半まで、絹糸の生産は日本経済を支える一大産業であり、全国で養蚕《ようさん》がおこなわれていました。桑の葉を採るための桑畑も各地にあり、女性たちが中心になっておこなう「桑摘み」は、茶摘み同様、春の風物詩でした。

はるご

「はるご」は漢字で書くなら「春蚕」。春に育てる蚕のことです。

養蚕農家は、米作りなどをしながら、年に３～４回、蚕を育て、絹糸の元になる繭《まゆ》を生産していました。このうち、春に育てるのが「はるご」で、夏から秋にかけて飼育する蚕は「なつご」「あきご」「晩秋蚕《ばんしゅうさん》」などと呼ばれます。

「はるご」などの「ご」は、女子を「おなご」と言うのと同じで「子」のこと。実は「かいこ」も語源は「飼い子」だと言われています。養蚕を営む人々が、せっせと繭を作ってくれる蚕に愛情を持って接していたことが伝わる言葉です。

菅笠《すげがさ》

「菅笠」は、スゲの細長い葉で作った編み笠です。私たちにとって「かさ」は柄《え》があって手で持つものですが、昔の人々が「かさ」と呼んだのは頭上に乗せて雨や日射しから頭部を守るかぶりもの。その代表が菅笠でした。スゲは稲に似た植物で、笠以外にも、肩から羽織って雨を防ぐ蓑《みの》や、縄を作るために使われます。

早苗《さなえ》

「早苗」は、田植えをするころの青々とした稲の苗のことです。

「さなえ」の「さ」については、大昔の人々が「田の神」の呼び名として用いていた言葉と考える説が有力です。田植えの時期である五月や田植えをする女性は、この神の力を預かるので「さつき」「さおとめ」と呼ばれる、というのです。「さなえ」「さつき」「さおとめ」という語は、私たちの耳にとても美しく響くため、人や店の名、商品名にもなっていますが、その美しさは、これらの言葉が田の神への感謝と畏敬の念を含み持って生まれたことに由来するのかもしれません。

二百十日《にひゃくとおか》

「二百十日」とは、立春から二百十日めにあたる日のこと。いまの暦の9月1日あたりです。このころ、台風などのせいで稲に損害が出ることが多いと考えた昔の人々は、この日を稲作の厄日ととらえて「二百十日」と名づけ、用心していました。壺井栄《つぼいさかえ》の小説「二十四《にじゅうし》の瞳《ひとみ》」には、瀬戸内の小さな村を襲う二百十日の嵐の怖さが克明に描かれています。

籾《もみ》にしあげて

籾は、殻を取る前の稲の実。「籾にしあげる」は、稲をしごいて実を落とし、籾米《もみごめ》の状態にすることです。

なお、歌集によっては、この部分の歌詞を「米にこなして」としています。この「こなす」は、稲や麦などの実を穂から落とすことなので、表現している内容は同じです。

そだ／焚《た》く

「そだを火に焚く」の「そだ」は、山の木々から切り取った細い枝のこと。主に薪《たきぎ》として使われました。似た言葉である「柴《しば》」は、山に生える低木や、それを刈り取ったもの。昔は、里山で取ってきたそだや柴を燃やして煮炊きをしていました。昔話「桃太郎」の冒頭でも、おじいさんが「山へ柴刈り」に行きますね。「火に焚く」とは、こうした薪を火にくべることです。

実は、この部分の歌詞も歌集によってまちまちで、「そだを火に焚く」ではなく「松を火に焚く」「そだを折り焚く」としている本もあります。「折り焚く」は、小枝などを折って火にくべることです。

余談ですが、私はかつてこの歌詞に感謝したことがあります。高校時代、日本史の教科書にあった江戸時代の儒学者《じゅがくしゃ》、新井白石《あらいはくせき》の自伝の名は「折《おり》たく柴《しば》の記《き》」。私は丸暗記しつつ「意味がわからないよ」とつぶやきました。が、数日後に『いなかの四季』を聴く機会があり、「そだを折り焚く」と歌われていたので「あ、そうか！」。「折たく柴」は「折って焚く柴」なのだと理解できたのです。新古今和歌集に収まる歌に「折り焚く柴の夕煙《ゆうけむり》」という句があり、新井白石はここから「折り焚く柴」という言葉を採って自伝の名にしたようです。

手際《てぎわ》

「手際」という言葉はもっぱら「手際がよい／悪い」という形で用いられますが、「手際」の一語だけでも「見事な手並み」「立派なできばえ」という意味を表します。この歌詞はその例で「母が手際の大根なます」は、母の見事な手並みによる、立派なできばえの大根なます、ということです。

年越しざかな

「年越しそば」はいまも有名ですが、かつては年を越すひととき、すなわち大みそかの夜に、塩鮭《しおざけ》や塩鰤《しおぶり》などを白飯とともに食べることも広くおこなわれ、こうした料理を「年取りざかな」と言いました。

この歌ではそれを「年越しざかな」と表現していて、言い換えた理由は不明ですが、もしかしたら詞を書いた教育者、堀沢周安《ほりさわちかやす》が「年取り」という言葉を避けたのかもしれません。大みそかの夜やそこでおこなう行事を「年取り」と呼ぶのは、古来わが国で用いられてきた「数え年」の計算法ではこの時間を過ぎると誰もが一つ年を取るため。しかし、この歌は文部省唱歌であり、文部省は数え年ではなく、満年齢の習慣を普及させようとしていたからです。

引く／ねずみ

「棚の餅引くねずみ」の「引く」は、ねずみなどの小動物が人家にある食物を奪って持ち去ることです。人間は食べ物を手に持って運びますが、小動物は引っ張って持ち去る、というイメージから生まれた言葉でしょう。「ねずみが塩を引く」は「塵《ちり》も積もれば山となる」と同じ意味。ねずみが一度に奪う塩は少なくても最後には全部なくなることから生まれたことわざです。

そして「ねずみ」と「引く」に関わる言葉で最も興味深いのは、人間について使われる「ねずみに引かれる」という表現です。ご存じですか？　こんなふうに言うのです。「今晩、私は一人で留守番なの」「まあ、ねずみに引かれないようにね」

後者が言いたいのは、「夜、一人でぼんやりしていると、食料だけでなくあなた自身がねずみに引かれるかもしれないから、用心しなさいね」ということ。もともとは防犯意識を喚起する言葉だったのでしょうが、私の知る限り、一人寂しく夜を過ごす人への同情やからかいの言葉として口にされるケースがほとんどです。それにしても、人がねずみに引かれるとは、何と大胆な表現でしょう。

こうした言葉から窺《うかが》えるのは、日本人とねずみの深い関係です。ほんの一時代前まで、ほぼすべての家はねずみの害に悩まされており、当然、ねずみは憎悪の対象。でも、心の隅ではその賢さや懸命さに感心し、親しみを感じる同居人でもあったのです。

また、ねずみがいることとは食料が蓄えられていることの証なので、にぎやかな足音は豊かさの象徴でもありました。「棚の餅引くねずみの音」という句からは、その喜びもほのかにただよいます。

赤とんぼ

詞　三木露風《みきろふう》／曲　山田耕筰《やまだこうさく》

一．夕焼け小焼けの赤とんぼ
負《お》われて見たのはいつの日か

二．山の畑の桑《くわ》の実を
小籠《こかご》に摘んだはまぼろしか

三．十五でねえやは嫁に行き
お里《さと》のたよりも絶えはてた

四．夕焼け小焼けの赤とんぼ
とまっているよ　竿《さお》の先

【歌詞の解釈】

一．夕焼け空を背景に飛ぶ赤とんぼを
背負われて見たのはいつだったろう

二．山の桑畑の桑の木になっている実を
摘んで小籠に入れたあの日は
幻だったのだろうか

三．私の世話をしてくれたお手伝いのねえさんは
十五歳で嫁ぎ
実家から伝わる消息も絶えて久しい

四．今日も夕焼け空を背景に赤とんぼが
竹竿の先にとまっている

赤とんぼ

夕焼け小焼け

日本人で「夕焼け小焼け」という言葉を知らない人はほとんどいません。この『赤とんぼ』のほか、「夕焼け小焼けで日が暮れて」で始まる童謡『夕焼け小焼け』も有名ですね。でも、日ごろの会話で「夕焼け小焼け」という語をよく口にする、という人は少ないはず。なぜなら、意味は「夕焼け」と同じだからです。「夕焼けがきれい」で通じるのにわざわざ「小焼け」をつける必要はありません。

では「小焼け」とは何か、といえば、「夕焼け」という語を強調し、またその語調をリズミカルにするために加える、いわば「遊びの言葉」だと考えられます。「ゆうやけ」は四音の言葉なので、日本の詩歌の基本的なリズムである七五調の「五」の部分で使うぶんにはほどよく収まるのですが、「七」で使うと余白が多くなる。そこで「かわいらしさ」を感じさせる「こ」という接頭語を使って「こやけ」という語を作り、元の「ゆうやけ」と合わせた七音の語が「ゆうやけこやけ」というわけです。

似た言い回しに「おお寒《さむ》こ寒《さむ》」「仲よしこよし」などがありますが、どれもわらべ歌や童謡に教わる言葉。おそらく、こうした言葉の始まりは、子どもたちが遊んだり歩いたりしながら口にする、歌の赤ん坊ともいうべき、豊かな独り言なのでしょう。

赤とんぼ

私たち日本人は、赤とんぼを見ると「あ、赤とんぼだ。秋だねえ」と言いたくなります。赤とんぼは、それぐらい深く日本人の心に染み込んでいる、まさに秋の象徴です。

ところが「あ、赤とんぼ」と私が言うと、「そういうトンボはいないよ」と言われてしまうことがあります。なぜなら、昆虫図鑑に「アカトンボ」のページはないから。

私たちが「赤とんぼ」と呼ぶ、赤みを帯びたトンボは、アキアカネ、ミヤマアカネなどに分類されるのだそうです。でも、だからといって「赤とんぼはいない」というのはおかしな話。生物学の分類に「小鳥」の項がないから「小鳥はいない」というのと同じです。もう一つ、「もみじ」についても、学術的には「モミジ」という分類がないので「もみじの木はない」と言う人がいますが、それはあくまで植物学上の分類の話。言葉は学問のためだけのものではありません。秋の日、私たちに美しい紅《くれない》色を見せてくれるのは、まぎれもなく赤とんぼであり、もみじです。

負《お》われて

「負われて見たのは」の「負われて」は、「背負われて」という意味です。

「負う」という語の基本の意味は「背中にのせる」こと。この「負う」の変形が「おぶう」で、そこから生まれた名詞が「おんぶ」。いっぽう「背負《せお》う」がなまったのが「しょって立つ」という形で使われる「しょう」です。

桑《くわ》の実

『赤とんぼ』の一番は、とんぼの飛ぶ晩夏から秋の風景を歌っていますが、二番は初夏の情景を振り返っています。

桑は、春にごく小さな花が房《ふさ》状に集まって咲き、やがてキイチゴに似た赤い実がなります。初夏になると、この実が暗い紫色に熟して甘くなるので、昔はこれを摘んで食べたり、ジャムを作ったりしていた家が多くありました。

ただし、これはもちろん、桑の木が授けてくれるオマケのようなもの。桑畑の本来の役割は、蚕の餌にする葉を収穫することです。

→参照「桑摘む乙女」62ページ

ねえや

「ねえや」は、住み込みで働く若い女性を、その家の人間が呼ぶ際の呼称として、かつて使われていた言葉です。

戦前の日本は、子どもの数が多かったこともあり、裕福でない家では女の子が十歳ぐらいになると、大きな農家や商家などに預けて働かせる、ということが広くおこなわれていました。「女中《じょちゅう》」や「下女《げじょ》」と呼ばれた彼女たちの仕事は、掃除、洗濯と子守りや幼児の相手。この歌の「ねえや」もそうだったでしょう。そして、子守りをしてもらい、遊び相手になってもらった子が、この歌の語り手であるわけです。

童謡『赤とんぼ』がしみじみと歌うのは、実は、この「ねえや」への思い。でも、一、二番で語られるは赤とんぼや桑の実の様子だけです。つまり、私たちは三番にいたって初めて知るのです。語り手の心を占めているのが、赤とんぼを見たときに自分を背負い、桑の実を摘んだときに小籠《こかご》で受けてくれた「ねえや」への思慕《しぼ》であると。そして浮かびあがる歌の主題。それは、それほど親しかった人とも縁が切れてしまう、人の世の悲しみです。三番の歌詞でこの主題を明らかにし、締めくくりの四番では、そうした悲しみをまとう赤とんぼの情景を淡々と語る構成が見事です。

お里《さと》のたより

「お里のたよりも絶えはてた」の「お里」については、「ねえや」の実家と見る説と、嫁ぎ先と考える説がありますが、私は前者だと思います。使用人が話題になる場で「お里」という言葉が使われれば、たいていの人は実家を思い浮かべるからです。「お里のたよりも絶えはてた」は、「ねえや」の実家との交流がなくなり、嫁いだねえやの消息もわからなくなった、ということでしょう。

竿《さお》

「竿」と聞くと、私たちは、釣り竿や物干し竿のように手に持つ長い棒を思いますが、本来は「枝をきれいに取り去った竹や木」のことです。赤とんぼが「とまっているよ竿の先」と歌われる「竿」は、おそらく垣根などに使われている竹竿でしょう。

冬《ふゆ》景《げ》色《しき》

詞　不詳／曲　不詳

一．さ霧《ぎり》消ゆる港江《みなとえ》の
舟に白《しろ》し　朝の霜《しも》
ただ水鳥《みずとり》の声はして
いまだ覚めず　岸の家

二．からす鳴きて木に高く
人は畑《はた》に麦を踏む
げに小春日《こはるび》ののどけしや
返《かえ》り咲《ざ》きの花も見ゆ

三．嵐吹きて雲は落ち
時雨《しぐれ》降《ふ》りて日は暮れぬ
もしともしびの漏《も》れこずば
それとわかじ　野辺《のべ》の里

【歌詞の解釈】

一．霧が消えた入り江の船着き場に泊まる
舟の上は早朝に降りた霜で真っ白だ
水鳥の鳴き声だけが聞こえていて
岸にあるどの家もまだ眠りから覚めていない

二．からすは高い木の枝で鳴き
人々は畑で麦踏みをする
冬の初めの暖かい日は実に穏やかだ
季節はずれに咲いた花も見えている

三．強風が吹いて雲が垂れ込め
小雨が降って日が暮れた
家々の窓から明かりが漏れていなかったら
野中に集落があることもわからないだろう

冬景色《ふゆげしき》

さ霧《ぎり》

冒頭の「さ霧」は、霧のこと。「狭霧」と書くこともありますが、この「さ」は発音のしやすさ、音の響きのよさのために加える語で、本来、特別な意味を持ちません。夜という意味の「さよ（小夜）」、ユリを指す「さゆり（小百合）」、「さまよう」の「さ」も同じと言われています。確かに「まよう」が「さまよう」になっても意味はあまり変わりませんね。

「さ霧」という言葉は、有名な学生歌である『琵琶湖周航の歌』の中でも使われています。「のぼるさ霧やさざ波の　滋賀のみやこよ、いざさらば」という印象的な歌詞。『冬景色』では「さ霧」の「さ」で歌いはじめ、次のフレーズで「白《しろ》し」「霜《しも》」と続けざまに「し」の発音をすることになりますが、『琵琶湖周航の歌』では「さ霧」「さざ波」のあとに「滋賀《しが》」が出てきます。偶然かもしれませんが、「さ」と「し」が響き合う、相性のよさを感じます。

港江《みなとえ》

「港江」は、港が作られている入り江のことです。といっても、ここで描かれているのは、横浜や神戸のような大きな港ではありません。「ただ水鳥《みずとり》の声はして」というのですから、早朝は人の気配すらない、小規模の漁港か船着き場でしょう。つまり、どこにでもある風景なのですが、日ごろは使わない「港江」や「さ霧」という言葉で描写されると不思議な格調を感じます。

麦を踏む

麦の栽培においては、芽が少し伸びた段階で上から押さえることが肝要とされています。一つには、根が浮くのを防ぐため。そして、刺激を与えることで丈夫かつ収穫の多い麦に育てるためです。

そこで、かつては農家の人々が麦の芽を足で踏む「麦踏み」がおこなわれていました。「人は畑に麦を踏む」という詞はその情景を歌うもの。実際には苦労も多いのでしょうが、腰を曲げておこなう他の農作業と比べると、どことなくのんびりした風情の感じられる仕事といえます。ちなみに、現在はもっぱら「麦踏み機」がこの作業をおこなっているそうです。

げに／小春日《こはるび》

「げに小春日ののどけしや」と歌われている「小春日」とは、初冬にひょっこり訪れる暖かい日のこと。その穏やかで暖かい気候の呼び名が「小春」あるいは「小春日和」です。

「げに」は「本当に」ということ。「春のうららの隅田川」と歌い出す『花』には「げに一刻《いっこく》も千金《せんきん》の眺め」という歌詞があります。

→参照　「げに」１６３ページ

のどけし

「のどけし」は「のどかだ」という意味の形容詞です。

この語が使われている和歌で有名なのは、古今和歌集に収まる「世の中に絶えて桜のなかりせば春の心はのどけからまし」という歌。「いっそこの世に桜がなかったら、開花を待ったり散るのを惜しんだりしなくてすむから、心のどかな春を過ごせただろう」といった意味です。桜への強い愛情がかなり屈折した形で歌われていて、まるで昭和の演歌のよう。作者は在原業平《ありわらのなりひら》です。

返《かえ》り咲《ざ》き

「返り咲き」は、本来、その開花の時期を終えているはずの草や木が花を咲かせること。たいていは、春や夏に咲く花が、秋以降に開花したときに使われます。

が、少なくとも近年は、比喩の言葉として耳にすることのほうが多いかもしれません。「返り咲きを果たす」という慣用句は、いったんトップの座を降りたスポーツ選手や芸能人、あるいは議席を失った政治家などがその地位を取り戻したときに、必ずといっていいほど用いられる表現です。

時雨《しぐれ》

「時雨」は、秋から冬にかけて降る小雨のことですが、語源は諸説があってはっきりしません。また、冬の季語なのに古くから「時雨の秋」という言葉が好まれるなど、いまひとつイメージの輪郭が定まらない言葉です。

しかし、「しぐれ」という音の響きが美しいからでしょうか、日本人は昔からさまざまなものを「しぐれ」と呼んできました。たとえば、多くの蝉が鳴く声は「蝉時雨《せみしぐれ》」、木の葉《こ は》が音を立てて散る様子は「木の葉時雨《しぐれ》」と呼ばれます。

食の分野では、貝などを醤油と生姜で煮た料理が「時雨煮《しぐれに》」、小豆の餡をそぼろにして蒸し固めた菓子は「時雨羹《しぐれかん》」。この二つの共通点は、色が地味でぽつぽつとした素材を含むことなので、この「地味でぽつぽつ」のイメージが「そぼふる雨」に通じる、ということかもしれません。でも、かき氷に練乳をかける「しぐれ」は、うーん、地味に染み込むからでしょうか。意味の輪郭のゆるさ、好印象、美しい発音の三つをそなえた言葉が「独り歩き」をするおもしろさを感じさせてくれる「時雨」です。

それとわかじ

「それとわかじ」は「それだとはわからないだろう」ということ。ここでは「里があるとはわからないだろう」という意味です。「里があるとはわからない」という言葉から浮かぶのは、ふつうなら荒れてすさんだ気配ですが、この歌の場合は逆です。『冬景色』の詞は、冬という厳しい環境に、他の生物同様、人間も上手に適応している様子をつづるもの。「いまだ覚めず」「のどけし」「それとわかじ」という句が伝えるのは、いわば、環境に溶け込んでいる喜びです。

かあさんの歌

詞・曲　窪田《くぼた》聡《さとし》

一、かあさんが夜《よ》なべをして手袋編んでくれた
「木枯《こが》らし吹いちゃ冷たかろうてせっせと編んだだよ」
ふるさとの便《たよ》りは届く
囲炉裏《いろり》の匂いがした

二、かあさんは麻糸《あさいと》つむぐ　一日つむぐ
「おとうは土間《どま》でわら打ち仕事　お前もがんばれよ」
ふるさとの冬はさみしい
せめてラジオ聞かせたい

三、かあさんのあかぎれ痛い　生《なま》みそをすりこむ
「根雪《ねゆき》もとけりゃもうすぐ春だで　畑が待ってるよ」
小川のせせらぎが聞こえる
懐かしさがしみとおる

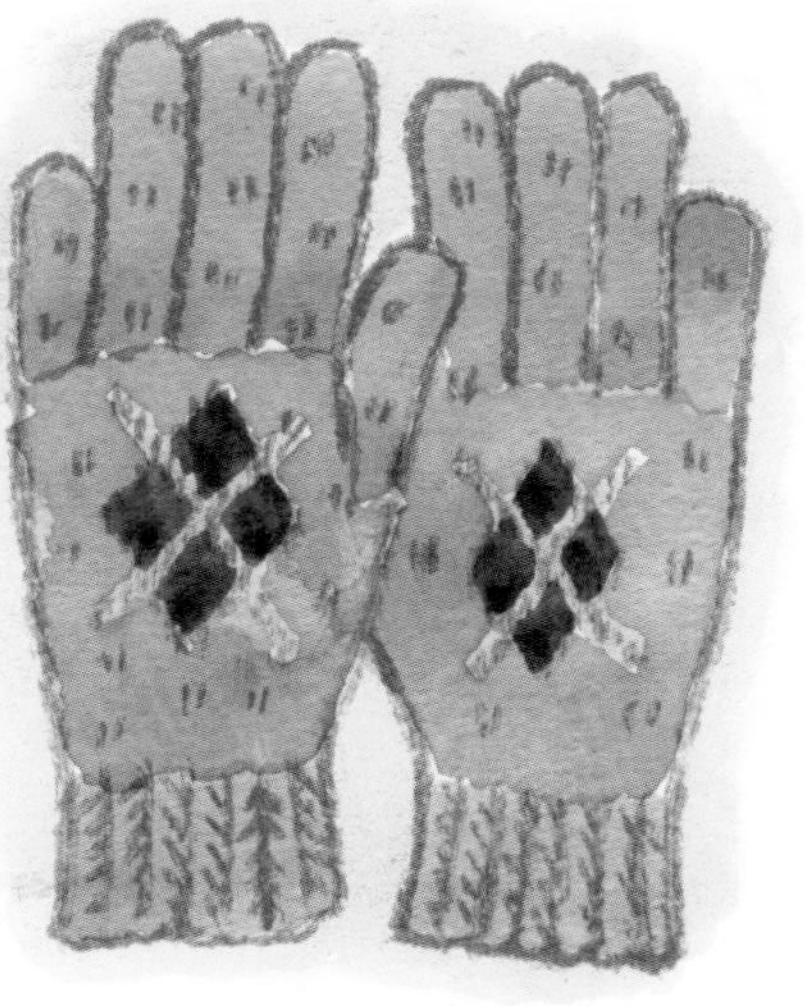

【歌詞の解釈】

一．かあさんが夜遅くに仕事をして手袋を編んでくれた
（手紙にはこうあった）
「木枯らしが吹いたら凍えるだろうと思って一生懸命に編んだよ」
故郷の家から手紙が来た。手紙は囲炉裏の匂いがした

二．かあさんは麻の繊維から糸を作る。一日中、作っている
「とうさんは屋内の地面でわらを叩いて柔らかくしている。
お前も頑張れ」
故郷の冬は娯楽がなくて寂しい
せめてラジオを聞かせたい

三．かあさんの手の皮膚の裂け目が痛い。
治るように生みそをすりこんでいる
「冬の間、とけずに積もっていた雪がとければ、もうすぐ春だから、
そうなれば畑の仕事だ」
手紙から小川の流れの音が聞こえる
懐かしさが心の奥までしみわたる

かあさんの歌

夜《よ》なべ

「夜なべ」は意味を誤解されがちな言葉で、その原因の一つが、この『かあさんの歌』です。「かあさんが夜なべをして手袋編んでくれた」という文は「彼が徹夜で書類をしあげた」といった文と形が似ているので、聞いた人はつい「夜なべをして」の部分を「眠る時間を削る」イメージでとらえてしまうのです。そのせいで「夜なべ」を「徹夜」や「夜更かし」という意味だと思っている人が多いのですが、これは誤り。本当は「夜間におこなう仕事」という意味です。だから、夜なべをして着物を縫ったり編んだりすることはできても、本を読んだり勉強したりはできません。

「夜なべ」の語源には諸説がありますが、最もわかりやすいのは、夜は囲炉裏の鍋のそばで仕事をするから、というもの。なんとなく心が温まる語源ですね。

麻糸《あさいと》つむぐ

二番の冒頭にある「麻糸つむぐ」は、麻の茎からとれる繊維をよりあわせて糸を作ることです。綿《めん》の場合は、綿《わた》の実の中にある繊維で綿糸《めんし》を作り、絹の場合は蚕《かいこ》の繭《まゆ》をほどいた繊維を絹糸にしますが、麻の場合は茎の皮から取り出した繊維をよって麻糸にします。私たちはふだん、これらの糸で編まれた衣服をあたりまえに着ていますが、こうして書き並べてみると、自然の中に隠れているさまざまな繊維を見つけ出した人類の知恵に感心せずにいられません。

土間《どま》

「おとうは土間でわら打ち仕事」の「土間」は、屋内ではあるけれど床が張られず、戸外と同じように地面がむき出しになっているところを指す言葉です。かつて日本家屋には必ずそういう場所があり、住民はそこで炊事や農具の手入れなどをしていました。

わら打ち

「わら打ち」は、縄や俵などを作るために、その材料である稲わらや麦わらを木槌で打って扱いやすい柔らかさにする作業です。サトウハチロー作詞の『もずが枯木《かれき》で』の中で、「もずが枯木でないている／おいらはわらをたたいてる」と歌われているのも、この仕事です。

生《なま》みそをすりこむ

「かあさんのあかぎれ痛い　生みそをすりこむ」という詞は、読むだけでもひりひりしますが、昔は多くの人がこの「あかぎれにみそを塗る」という民間療法を信じ、実践していました。でも、家庭向けの医学の本によると、痛みを紛らわすだけで治癒を早めることはない、とのこと。どうか試さないでください。

コラム2

「童謡」とは

コラム1（48ページ）で唱歌の説明をしたので、次は「童謡」のお話です。

大正期には、多くの子が西洋音階による唱歌を上手に歌えるようになっていました。が、在野《ざいや》の詩人は批判します。唱歌は古臭い内容を硬い言葉で歌うものが多く「いまの子」の情緒に寄り添っていない、と。そして彼らは、いまの子の情景や心情をつづる歌を次々に作り、「赤い鳥」「コドモノクニ」などの雑誌に発表しました。それが、日本の近代音楽史における「童謡」です。

では、具体的にどの歌が唱歌で、どの歌が童謡か。本書で取り上げた歌で、**唱歌**及び〝**学校系**〟の歌として世に出たのは、蛍の光／霞か雲か／あおげば尊し／庭の千草／一月一日／夏は来ぬ／キンタロー／星の界／いなかの四季／我は海の子／かたつむり／紅葉／雪／茶摘（以上、明治期）／春の小川／早春賦／鯉のぼり／冬景色／朧月夜／故郷／浜辺の歌（以上、大正期）／たなばたさま／星の世界（以上、昭和期）。

いっぽう**童謡**は、雨／金魚の昼寝／七つの子／赤とんぼ／揺籠のうた／黄金虫／春よ来い／花嫁人形／アメフリ（以上、大正期）／毬と殿さま／うれしいひなまつり／かわいい魚屋さん（以上、昭和期）です。

第3章

文化を楽しむ歌

一年をとおして触れあう
日本の習わしに親しむ言葉の数々

一《いち》月《げつ》一《いち》日《じつ》

詞　千家《せんげ》尊福《たかとみ》／曲　上眞行《うえさねみち》

一．年《とし》の初《はじ》めのためしとて
終わりなき世のめでたさを
松竹《まつたけ》たてて門《かど》ごとに
祝《いお》う今日こそ楽しけれ

二．初日《はつひ》の光《ひかり》　差しいでて
四方《よも》に輝く今朝の空
君《きみ》がみかげにたぐえつつ
仰ぎ見るこそ尊《とうと》けれ

【歌詞の解釈】

一．一年の初めの恒例の行事として
終わることのないこの世のめでたさを
門松を立てて、どの家でも
祝う今日という日は実にめでたい

二．初日の出の光が差し込んで
一面に輝いている今朝の空だ
天皇陛下のご恩をそこに重ねて
仰ぎ見ると実にありがたい気持ちになる

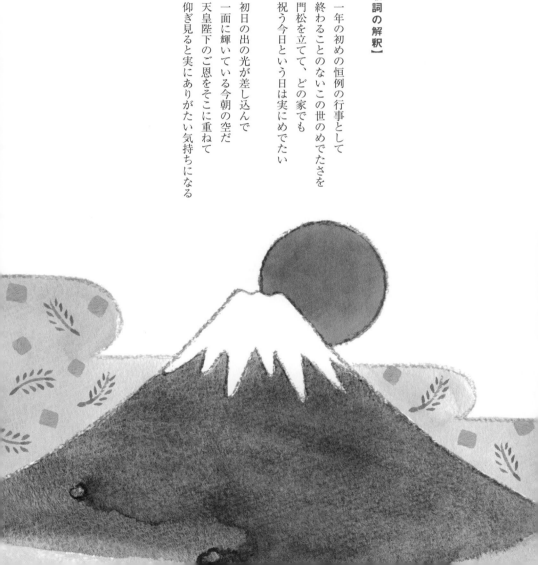

一月一日《いちげついちじつ》

ためし

冒頭の句、「年《とし》の初《はじ》めのためしとて」の「ためし」は、「試《ため》し」ではなく「例《ためし》」です。「彼は約束を守ったためしがない」などと言うときの「ためし」で、前例、習慣のこと。「年の初めのためしとて」は「年初の恒例として」という意味です。

では、恒例として何をするのか、というと、その答えは「祝《いお》う今日こそ」の「祝う」です。間にフレーズが二つはさまるので、ちょっとわかりづらい歌詞。国語の読解問題のようですね。

終わりなき世《よ》

「終わりなき世」の意味については「途絶えることのない天皇家の血統」ととる説が有力ですが、近年はもっぱら「終わらずに続くこの世界」という素直な解釈で歌われています。国語の読解問題のような難しい歌が愛され続ける理由の一つは、この言葉を含むことでしょう。終わりなき世のめでたさ。日ごろ忘れていることです。

門《かど》

「門」は、文字通り家の門《もん》。また家全体を指すこともあります。質問や相談の相手を間違えるという意味の「お門違《かどちが》い」は、もともとは「訪ねるべきでない家の門を叩く」

こと。「笑う門《かど》には福来たる」の「笑う門」は「住人がよく笑う家」です。

四方《よも》

「四方に輝く」の「四方」は四方向、すなわち東西南北や前後左右、ひいては「すべての方向」を指す言葉です。

昔の人は、目の前に広がる平面や空間のことを「おも（面）」と呼びました。この「おも」が縮んで「も」。水面は「みなも」で、川だと「かわも」。同様に、四方向に広がる空間が「よも」というわけです。

君《きみ》／みかげ

「君がみかげに」の「君」は天皇のこと。「みかげ」は、目に浮かぶ貴人《きじん》の姿を指すこともあれば、貴人から賜《たまわ》る恩を意味することもあります。「君がみかげ」は「天皇陛下のお姿」「天皇陛下のご恩」という二通りの解釈が可能ですが、おそらくその両方のイメージが重ねられているのでしょう。

たぐえつつ

「君がみかげにたぐえつつ」の「たぐえ」は、「並べて見る」という意味の動詞「たぐう」の連用形で、この歌では、美しい空を見ながら、そこに天皇の姿や恩を並べて、大きな恵みであると感じています。ちなみに「たぐう」の名詞形は「たぐい」で、並ぶもの、同類という意味。「たぐいまれ」は「並ぶものが少ない」ことです。

蛍の光

詞　稲垣《いながき》千穎《ちかい》／曲　スコットランド民謡

一．蛍の光　窓の雪
ふみ読む月日　重ねつつ
いつしか年も　すぎの戸《と》を
あけてぞ　今朝は別れ行《ゆ》く

二．止まるも行くも　限りとて
かたみに思う　ちよろずの
心のはしを　一言に
さきくとばかり　歌うなり

【歌詞の解釈】

一．「蛍雪《けいせつ》」の故事のように真剣に学び
書物を読んだ日々が積み重なり
いつのまにか何年もたって
今日は学校の戸をあけて出て行くのだ

二．この地に留まる人も出て行く人も、
一緒に過ごすのは今日が最後だから
互いに向けた、たくさんの
心の端々に浮かぶ思いを一言にまとめ
ただ「幸せになれ」と歌うのだ

あおげば尊《とうと》し

詞　不詳／曲　米国の卒業の歌

一．あおげば尊し　わが師の恩
教えの庭にも　はや幾年《いくとせ》
思えばいとし　この年月《としつき》
いまこそわかれめ　いざさらば

二．互いにむつみし　日ごろの恩
わかる後《のち》にも　やよ忘るな
身を立て名をあげ　やよ励めよ
いまこそわかれめ　いざさらば

三．朝夕《あさゆう》なれにし　学びの窓
蛍のともしび　積む白雪《しらゆき》
忘るる間ぞなき　ゆく年月
いまこそわかれめ　いざさらば

【歌詞の解釈】

一．振り返ってみるとありがたい
先生から受けた恩
学校生活は早くも何年かが過ぎ去った
思えばあっという間の学校での歳月
いまは別れよう　ではさようなら

二．互いに心を寄せ合って過ごした
友達どうしの恩のことは
別れてからも忘れるな
出世し名声を得て頑張りなさい
いまは別れよう　ではさようなら

三．日々の大半を過ごし慣れ親しんだ学校
「蛍雪」の故事のように真剣に学んだ日々
一瞬たりとも忘れない
こうした過去の日々のことは
いまは別れよう　ではさようなら

蛍の光

蛍の光／窓の雪

「蛍の光」と「窓の雪」は、「貧しくても懸命に勉強すること」を表す一対の言葉です。

この言葉の源は、いまから千七百年ほど前の中国にあった晋《しん》という国の故事。車胤《しゃいん》という若者は、貧しさのせいで明かりを灯す油を買えなかったので蛍の光を頼りに勉強し、また孫康《そんこう》という男性も窓から雪明りを取り入れて読書をした、という話です。

ここから、苦学することを指す「蛍雪《けいせつ》」という言葉が生まれ、日本にも伝わりました。

そして明治期、文部省の人々はこの故事を「真剣な学び」の象徴として歌に取り入れ、唱歌『蛍の光』には「蛍の光　窓の雪」、『あおげば尊し』には「蛍のともしび　積む白《しら》雪《ゆき》」という詩句を織り込んだわけです。

もちろん、実際にはこんな光の用い方は不可能なので、真実味のない、つまらない歌詞と見ることもできますが、見落としてはならない点が二つあります。

一つは、そこに、蛍、雪という夏と冬の風物詩が登場することです。この歌の主題は「何年も通った学校との別れ」であり、その年月の長さやその間に味わった情趣を振り返るには、幾度もめぐった季節の風景を思うのが一番。「蛍」「雪」の二語はそうした回想へと私たちを誘《いざな》ってくれます。

もう一つは、「ほたるのひかり　までの

ゆき」という発音、特に各単語の頭にある「ほ」「ひ」「ま」「ゆ」の響きの美しさ。

私がこれを意識するようになったきっかけは、いまも人気の昭和の歌謡曲『いつでも夢を』との類似に気づいたことでした。この歌の歌い出しは「星よりひそかに　雨よりやさしく」で、その前半では「ほ」と「ひ」が呼応し、後半でも「め」と「や」、すなわちマ行、ヤ行の音が響き合います。『蛍の光』の冒頭も同じように、私たちの耳や口を楽しませてくれているのです。

ふみ

「ふみ読む月日」の「ふみ」は書物のことです。現代では手紙のイメージが強い「ふみ」ですが、本来「文字で記されたもの」全般を指す言葉で、本も日記もお経も「ふみ」。この歌の「ふみ」は、教科書をはじめとした学問の本のことでしょう。

いつしか年も／すぎの戸《と》

「いつしか年もすぎの戸を」は、文法的におかしな文ですが、それは「いつしか年が過ぎた」「杉の戸をあけて学校と別れる」という二つの文を、「すぎ」という語を連結点にして一つにまとめた特殊な表現になっているため。和歌で用いられる「掛け言葉」という技法です。これを際立たせる形で訳すなら「いつのまにか年月がスギたが、スギという言葉は大事なことを思い出させる。今朝はスギの戸をあけて別れるのだ」といったところでしょうか。

止まるも行くも／限りとて

二番の冒頭の「止まるも行くも」は、卒業したあと「この地に留まる人も、遠くへ行く人も」の意。「限りとて」は「今日が最後なので」という意味です。

かたみに

「かたみに思う」の「かたみに」は「互いに」「交互に」という意味の古い言葉です。

もともとは「二人いるうちの片方ずつ」という意味で「片身に」という語が用いられ、それが「互いに」という意味に変わったと考えられます。「かたみに思う」は「互いのことを思い合う」ということです。

ちよろず

「ちよろず」は、漢字で書くなら「千万」。数がとても多いことを指す言葉です。漢語の百、千、万にあたる大和言葉が「もも」「ち」「よろず」。どれも数が非常に多いことを言うために使われますが、さらに、その「ち」と「よろず」を合わせて、数の多さを強調しているわけです。

似た言葉に「いおよろず（五百万）」「やおよろず（八百万）」があり、やはり数の多さを表しますが、こうした言葉で注目すべきは「ちよろずの神」「やおよろずの神」など、神々の数についての用例が多いことです。漢語が伝わる前、人々が大きな数を意識したのは、財産や人口の勘定ではなく神々の存在を思うときだった、ということでしょう。古くから伝わる言葉はそんなことも教えてくれます。

心のはし

「心のはしを一言に」の「心のはし」とは「心の端々にある心情」のこと。したがって、「ちよろずの心のはしを一言に」で、「心の端々にある膨大な思いを無理やり一言で表して」という意味になります。

さきく

「さきくとばかり歌うなり」の「さきく」は、「幸せに」「無事に」という意味。「さきくとばかり歌うなり」は、現代の言葉にするなら「ただただ『幸せに暮らせよ』と歌うのだ」といったところです。

狩猟や漁労の獲物を指す「山の幸《さち》」「海の幸」という言葉はいまも使われていますが、昔はこの「さち」と並んで「さき」という語も同じ意味で使われ、時代が下ると、どちらも収穫だけでなく「幸福」や「幸運」を広く指すようになります。「さきく」は、この「さき」から生まれた語。特に、旅立つ人へ送るはなむけの言葉の中でよく使われ、この歌もその伝統にならっています。

ちなみに、この「さち」「さき」が大きくなる、すなわち、栄えて幸福になることを言う動詞が「さちわう」「さきわう」で、その名詞形が「さちわい」と「さきわい」。この「さきわい」が変化した語が、私たちのよく知る「さいわい（幸い）」です。

あおげば尊し

あおげば

『あおげば尊し』は卒業式の歌で、一番を卒業生、二番を在校生、三番を両者が歌う、という構成。したがって冒頭の句「あおげば」は、卒業生が「わが師」すなわち先生を「あおげば」ということです。

「仰《あお》ぐ」は「上を見る」こと。でも私たちは尊敬する人や年長者を「上の存在」と感じているので、そうした人を敬い、教えを受ける、という意味にもなります。

いっぽう、人は何かを思い出そうとするときにしばしば上を向くので、「仰ぐ」は前後の文脈次第で、思い出す、振り返る、という意味も持ちます。『あおげば尊し』を歌う際、私たちはまず「あおげば」という句をゆっくり歌い出すので、この二つの意味が、混ぜた絵の具のようにじんわりと心に染みます。

幾年《いくとせ》

「幾年」は「何年」という意味です。「いくとし」という言葉もありますが、ここは「いくとせ」。「とし」が「とせ」に変わる例としては、ほかに「千歳《ちとせ》」があります。

いととし

「いととし」の「とし」は「疾し」。速い

ことです。「いと」は強調の副詞なので「いと疾し」は「とても速い」。ちなみに、この「とし」の連用形「とく」が変化して生まれたのが、「とっくに済んだ」「とうの昔」と言うときの「とっく」と「とう」。早い時点で終了していることを強調する言葉です。

いまこそわかれめ

「いまこそわかれめ」の「わかれめ」は、分岐点という意味の「分かれ目」ではありません。近代以前の書き言葉である文語では、「こそ」を使った文は、已然形《いぜんけい》という形で終わらせるのが約束事。そのため、「別れよう」という意味の「わかれむ」の語尾が「む」から「め」に変わって「わかれめ」。意味は「別れよう」のままです。

やよ

「やよ忘るな」「やよ励めよ」の「やよ」は、歌詞のリズムを整えるための言葉で、特に意味はありません。現代語にすれば「やあ」「それ」といったところです。

ただ、優美かつ力強いその発音のせいで、大半の人が「何があっても」「しっかり」といった期待や信頼の強さを表す言葉ととらえており、実は若き日の私もそう。だからいまでも「やよ」と歌うところで肩を抱かれる気分になります。これは誤った鑑賞ですが、私にとっては宝物。いい歌は誤解する者にもおみやげをくれます。

「蛍のともしび」「積む白雪」
→参照「蛍の光／窓の雪」92ページ

うれしいひなまつり

詞　サトウハチロー／曲　河村光陽《かわむらこうよう》

一．あかりをつけましょ　ぼんぼりに
お花をあげましょ　桃の花
五人囃子《ごにんばやし》の笛太鼓《ふえたいこ》
今日はたのしいひな祭り

二．お内裏《だいり》様とおひな様
二人並んですまし顔
お嫁にいらした姉《ねえ》様に
よく似た官女《かんじょ》の白い顔

三．金の屏風《びょうぶ》にうつる灯《ひ》を
かすかに揺する春の風
少し白酒《しろざけ》めされたか
赤いお顔の右大臣《うだいじん》

四．着物を着かえて帯しめて
今日はわたしも晴れ姿
春の弥生《やよい》のこのよき日
何よりうれしいひな祭り

【歌詞の解釈】

一．小さな行燈《あんどん》に火を灯しましょう
桃の花を飾って差しあげましょう
五人囃子の笛太鼓の音が聞こえるよう
今日は楽しいひな祭りだ

二．男女のおひな様は
並んで二人とも澄ましている
嫁がれたお姉様の顔と
よく似ているのが官女の白い顔だ

三．金屏風に映る行燈の炎を
春の風がかすかに揺らしている
白酒を少しお飲みになったのか
右大臣は赤いお顔をしている

四．着物を着がえ、帯も締めて
今日は私も晴れ着姿だ
春、三月のこのめでたい日は
何よりもうれしいひな祭りだ

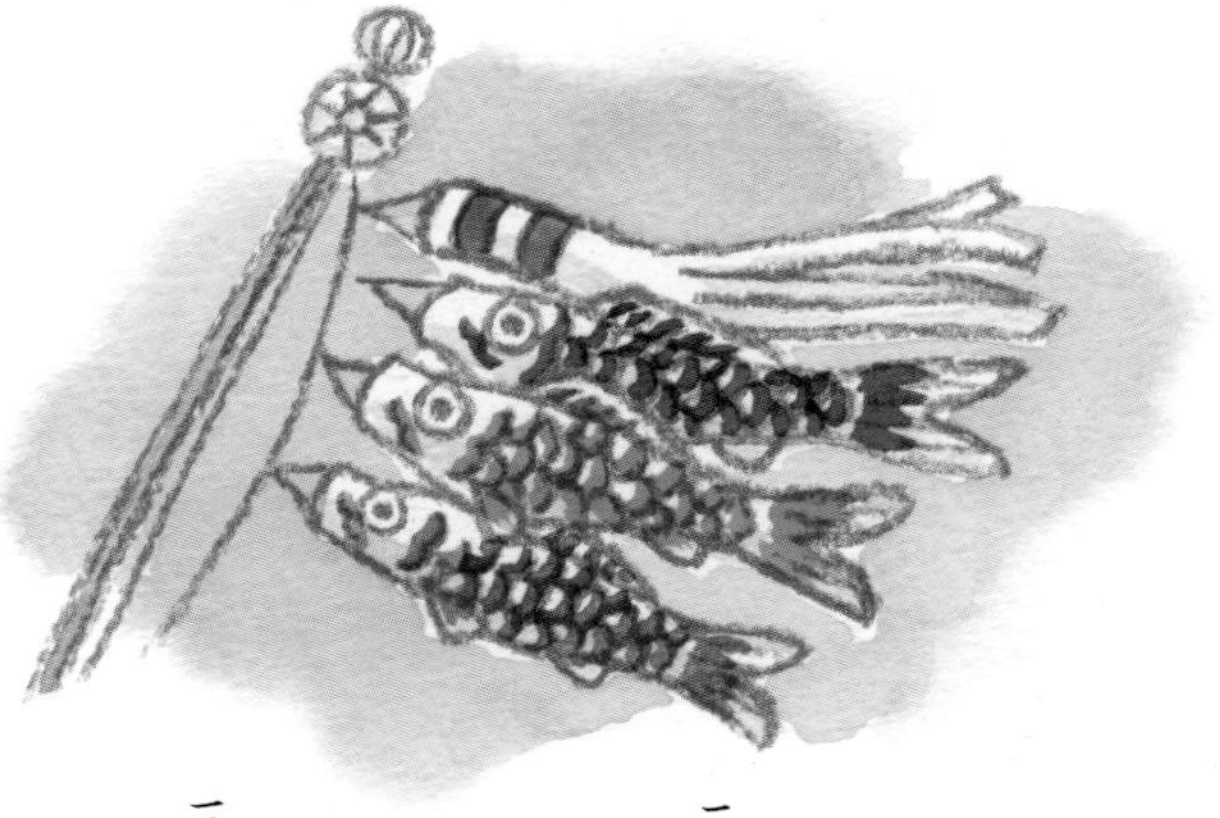

鯉のぼり

詞　不詳／曲　弘田《ひろた》龍《りゅう》太郎《たろう》

一、甍《いらか》の波と雲の波
重なる波の中空《なかぞら》を
橘《たちばな》かおる朝風に
高く泳ぐや　鯉のぼり

二、開《ひら》ける広きその口に
舟をも呑《の》まん様《さま》見えて
豊かにふるう尾ひれには
物に動ぜぬ姿あり

三、百瀬《ももせ》の滝をのぼりなば
たちまち竜になりぬべき
わが身に似よや　おのこごと
空におどるや　鯉のぼり

【歌詞の解釈】

一、屋根瓦が織りなす波と雲が作る波
二つの波が重なる間の空で
橘の花の香りがする朝風に吹かれて
空高く泳いでいるよ　鯉のぼりが

二、大きくあいた口は
舟も呑み込んでしまいそうに見えて
大きくのびのび振る尾ひれは
何事にも動じない強さを感じさせる

三、「多くの滝をのぼり切ったら
すぐに竜になるはずの
私を見習え、男の子よ」と言って
空で踊っているよ　鯉のぼりが

うれしいひなまつり

ひな祭り

日本人のおとなで「ひな祭り」という言葉を知らない人はいません。が、常識的な言葉であるため、逆に、その意味がぼやけているように思います。

「ひな」のもともとの意味は、鳥の子、ひよこです。そこから、小さいもの、かわいいものを「ひな○○」と呼ぶようになり、「ひなげし」「ひなぎく」などの言葉が生まれました。その一つが、小さくてかわいい「ひな人形」。そして、このひな人形を飾るから「ひな祭り」なのです。

つまり、ひな祭りはその言葉の由来からして、小さいものへの愛情があふれる祭り。それを踏まえて『うれしいひなまつり』の歌詞をたどると、登場する人形の一つ一つがよりかわいく感じられます。

お内裏様《だいりさま》とおひな様

『うれしいひなまつり』はとてもきれいな歌ですが、残念なことに二カ所、言葉の間違いがあります。

一つは、二番の冒頭の「お内裏様とおひな様」。最上段の男《お》びなと女《め》びなを指す言葉として用いられていますが、本当は男女一対で「内裏びな」。男びなだけを「お内裏さま」と呼ぶのは誤りです。「内裏」は天皇の住む御殿《ごてん》のことで、内裏びなは天皇と皇后を表しています。また「おひな様」もひな人形の総称なので、女びなのみを指す語にはなりません。ただ、日本の子どもの多くはこの歌でこうした言葉を覚えるので、将来はこの歌の用法が正しいとされるかもしれません。

もう一つの誤りについては「右大臣《うだいじん》」の説明をご覧ください。

白酒《しろざけ》

白酒は、みりんや焼酎に餅米や米こうじなどを入れて熟成させた白い酒。古くから、ひな祭りで飲む習慣があります。しばしば混同される「甘酒」はお粥《かゆ》と米こうじから作り、アルコールを含みません。白酒とはまったく異なる飲み物です。

右大臣《うだいじん》

歌詞の誤りの二つめは、三番の「赤いお顔の右大臣」です。

顔の赤い男の人形は、その装束から見ても、五人囃子《ごにんばやし》より下、という位置から見ても、大臣とは考えられません。御殿を警護する「随身《ずいじん》」と見る説が有力です。

また、この人形が「随身に扮《ふん》した大臣」だったとしても、右大臣ではなく左大臣《さだいじん》だそうです。宮廷の役職名の「右」「左」は、奥に座る天皇から見てどちら側にいるかで決まるからです。赤い顔の人形は、私たちから見ると右側に座っていますが、内裏びなから見れば左。「左〇〇」という役職の人が座る場所なのです。

鯉のぼり

甍《いらか》の波

「甍の波」の「甍」は瓦《かわら》のこと。ただし、一枚一枚の瓦ではなく、屋根に並んだ瓦を指す言葉です。「甍の波」は、さまざまな家の屋根瓦が連なる景色を水面の波に見立てた言葉。続く「雲の波」も多くの雲を波になぞらえた表現です。

一番の歌詞はこのような、いわば美しい脇役たちを順に紹介し、最後の最後になってようやく主役の鯉のぼりが登場する、という粋な構成。「よ、待ってました！」と声をかけたくなります。

橘《たちばな》かおる

橘はミカン科の常緑樹で、初夏に白い花を咲かせます。

「さつき待つ花橘《はなたちばな》の香《か》をかげば　昔の人の袖《そで》の香ぞする」は、古今和歌集に収まる読み人知らずの歌。いまの言葉にすれば「旧暦の五月になって咲く橘の香りをかぐと、昔の恋人が着物につけていた香《こう》の匂いを思い出す」といった意味ですが、この歌が世に知られた結果、橘は「五月に咲く」「いい香りがする」という二つのイメージを帯びることになりました。つまり、「橘かおる朝風に」というごく短い句も、平安時代以来の伝統にのっとってつづられているのです。

百瀬《ももせ》の滝

三番の冒頭、「百瀬の滝を」の「百瀬」は、滝の名ではありません。「瀬」は川などの流れを指す言葉ですが、ここでは、いわば川を数えるための語。二つの川をまたぐ橋はしばしば「二瀬橋《ふたせばし》」と呼ばれますが、それと同じで「百瀬の滝」は百の滝。転じて、多くの滝のことです。

竜になりぬべき

「百瀬の滝をのぼりなば　たちまち竜になりぬべき」という歌詞は、中国の伝説に基づくものです。その伝説いわく、黄河《こうが》上流に「竜門《りゅうもん》」と呼ばれる急流があり、ここをのぼりきった鯉は竜に変身する、とのこと。

そこから、鯉を「勇猛果敢《ゆうもうかかん》」や「出世」のシンボルとして、掛け軸や幟旗《のぼりばた》などに描く習慣が生まれました。

三番の歌詞のほとんどは、そんな鯉の台詞。「百瀬の滝を」から「わが身に似よや」までを現代の言葉にすると、「多くの滝をのぼり切ったら、私はすぐに竜になるはず。そんな私を見習え」ということです。

おのこご

「私を見習え」と言ったあと、誰に向けてそう言ったのかを告げるのが、続く「おのこご」という言葉。「おのこご」は「おのこ（男）」の子、つまり男子です。対義語は「おんなご」で、これが縮んで「おなご」になりました。

たなばたさま

詞　権藤花代《ごんどうはなよ》（補・林柳波《はやしりゅうは》）／曲　下總皖一《しもおさかんいち》

一．笹《ささ》の葉さらさら　軒端《のきば》に揺れる
お星さまきらきら
金銀砂子《きんぎんすなご》

二．五色《ごしき》の短冊《たんざく》　私が書いた
お星さまきらきら
空から見てる

【歌詞の解釈】

一．（七夕のために用意した）笹の葉が
さらさらと軒先で揺れている
お星さまはきらきら輝き
金や銀の砂子のようだ

二．（笹に吊るした）五色の短冊は
私が書いたもの
お星さまはきらきら輝き
（私や短冊を）空から見ている

キンタロー

詞　石原和三郎《いしはらわさぶろう》／曲　田村虎蔵《たむらとらぞう》

一．まさかりかついで　金太郎
熊にまたがりお馬の稽古
ハイ、シイ、ドウドウ、ハイ、ドウドウ
ハイ、シイ、ドウドウ、ハイ、ドウドウ

二．足柄山《あしがらやま》の山奥で
けだもの集めて相撲の稽古
はっけよいよい、のこった
はっけよいよい、のこった

【歌詞の解釈】

一．金太郎はまさかりを肩にかつぎ
熊にまたがって乗馬の練習をしている
ハイ、シィ、ドウドウ、ハイ、ドウドウ
ハイ、シィ、ドウドウ、ハイ、ドウドウ

二．金太郎は足柄山の奥で
けものを集めて相撲の稽古をしている
はっけよいよい、のこった
はっけよいよい、のこった

たなばたさま

軒端《のきば》

「軒端」は「軒先《のきさき》」と同じで軒の先端。すなわち、家の壁よりも外側に張り出した屋根の端を指す言葉です。また、屋根の先端だけでなく、その下やあたりの空間を指すことがある、という点も「軒先」と同じで、この歌の場合も、「軒端に揺れる」笹は、屋根の先端にくくり付けてあるとも、軒下あたりの地面に立ててあるとも解釈できます。ただ「さらさら」という音は小さな笹の枝を思わせるので、どちらかと言えば前者でしょうか。

金銀砂子《きんぎんすなご》

「金銀砂子」の「砂子」とは、紙の工芸や漆芸《しつげい》などで用いられる金や銀の粉で、きらきら光る面を作りたいときに、漆《うるし》を塗った上に蒔《ま》いたり、紙に吹きつけたりします。

この歌ではもちろん星を喩える言葉。夜空の星々を見て「金や銀の砂子みたいだ」と思っているわけです。

五色《ごしき》の短冊《たんざく》

「五色の短冊」は、七夕の日に願い事を書いて笹の枝に吊るす、色とりどりの短冊のことです。実際には四色や七色でも、呼び名は「五色の短冊」。その理由は七夕の歴史に由来します。

七夕の行事と「たなばた」という語の起源については諸説がありますが、機織《はたお》りに関係していることは確実です。織り上がった「はた（機）」を「たな（棚）」に並べて機織りの神に感謝する行事から「たなばた」という言葉が生まれた、と考える研究者が多いようです。

しかし、七夕の行事には別のルーツもあります。言うまでもなく織姫星《おりひめぼし》と彦星《ひこぼし》の恋の話で、これは中国で生まれた伝説。こうした祭祀や物語に、七月七日の宮中行事なども結びつき、江戸時代には「七月七日、女性たちが織姫星と彦星のために供え物をし、自らの機織りや裁縫の技能の向上を願う」という祭りの形が整ったようです。それで「七日の夕べ」という意味の「七夕」の二字が、「たなばた」という行事の名に当てられることになったのです。

そんなわけで、昔の女性たちが七夕で祈願していたのは、織物や裁縫に関すること。だから飾りつけにおいても中心となるのは「糸」でした。中国に伝わる「五行《ごぎょう》」という世界観に基づく、青、黄、赤、白、黒の糸。その名を「五色《ごしき》の糸《いと》」といい、女性たちは神への供え物としてこれを笹に飾りました。

その後、機織りや裁縫の技能向上というテーマが薄れ、人々がいろいろな願い事をするようになったため、短冊がこの「五色」を引き継ぎますが、当然、黒の短冊などは使いづらい。そこで五色の決まりが崩れ、さまざまな色の紙が使われるようになりました。が、「五色の短冊」という名は残った、というわけです。

キンタロー

まさかり

「まさかり」は、大型の斧《おの》。太い木を切るための道具で、語源については「真裂《まさ》き割り」が変化した、という説が有力です。これをかつぐ金太郎は、子どもながら木こりの仕事を託されていたのでしょう。

金太郎

「金太郎」は、今昔《こんじゃく》物語などに登場する平安時代の武士、坂田金時《さかたのきんとき》の子ども時代の名です。ただし、金時が本当にいた人物かどうかはわかっていません。伝承では、いまの神奈川・静岡県境にある足柄峠の周辺、通称足柄山で育ち、実在の武将である源《みなもとの》頼光《よりみつ》に仕えて、京都の大江山で酒呑童子《しゅてんどうじ》という怪物を退治した、とされます。

この坂田金時の一番の特徴は、怪力を象徴する赤い顔なので、物語が世に広まると、人々は赤みを帯びた魚や豆などに「金時鯛」「金時豆」「金時小豆」といった名をつけるようになります。ところが、金時豆や金時小豆は甘く煮るとおいしいことから、やがて「金時」には「小豆などを甘く煮た食品」という新しいイメージが加わり、いまはそちらが勝っている感じ。かき氷の「宇治金時」も「宇治」が抹茶、「金時」が甘く煮た小豆を表すネーミングです。

このように「金時」という語は本人から

離れたところで使われていますが、幼名の「金太郎」は元気な男児の代名詞。たくましい姿は五月人形にもなり、どこを切ってもその顔が現れる金太郎飴も有名ですね。

さて、この項では豆や飴など多くの食べ物の名が出てきました。つまり「金太郎」や「金時」は食べ物に縁のある名前なのですが、この縁は彼一代で終わりません。浄瑠璃の世界では彼の息子、坂田金平《さかたのきんぴら》が勇猛な武士として活躍。その力強さを牛蒡《ごぼう》の持つ強壮効果やしっかりした歯ごたえになぞらえた料理が「きんぴら牛蒡」です。

ハイ、シィ、ドウドウ

「ハイ」「シィ」「ドウドウ」は、人が馬を操るためにかける言葉です。使い方は人や場面によって異なりますが、大まかに言えば、「ハイ」は何らかの動作を促すとき、「シィ」は走らせるとき、「ドウ」や「ドウドウ」は動きを止めるときに発する言葉。だから、実際には「ハイ、シィ、ドウドウ」と続けて言うことはありません。

はっけよい

相撲の行司《ぎょうじ》が力士にかける言葉「はっけよい」の由来については、多くの説があります。戦う気は満ちている、という意味の「発気良い《はっきよい》」。占いの観点でも好機だ、という意味の「八卦良い《はっけよい》」。「早く戦え」という意味の「早く来い」または「はや競《きお》え」が変化した、など。日本相撲協会は「発気良い」とほぼ同じ「発気揚揚《はっきようよう》」説です。

毬《まり》と殿さま

詞　西條八十《さいじょうやそ》／曲　中山晋平《なかやましんぺい》

一、てんてん手まり　てん手まり
てんてん手まりの手がそれて
どこからどこまでとんでった
垣根をこえて屋根こえて
おもての通りへとんでった　とんでった

二、おもての行列　なんじゃいな
紀州《きしゅう》の殿さま　お国入《くにい》り
金紋先箱《きんもんさきばこ》　供《とも》ぞろい
おかごのそばにはひげやっこ
毛槍《けやり》をふりふりやっこらさの　やっこらさ

【歌詞の解釈】

一、てんてんと地面に突く手まり
突いているうちに手がそれて
いったいどこへとんでいったのか
垣根を越え、屋根を越えて
表通りへとんでいった　とんでいった

二、表通りを行く行列は何だろう
紀州の殿さまが領国に戻る旅だ
家来が金の家紋のついた箱をかついでいる
かごのそばにはひげを生やした従者
毛のついた槍を大きく振って歩く
大きく振って歩く

三．てんてん手まりはてんころり
はずんでおかごの屋根の上
「もしもし紀州のお殿さま
あなたのお国のみかん山
わたしに見させてくださいな　くださいな」

四．おかごはゆきます　東海道
東海道は松並木
とまりとまりで日が暮れて
一年たっても戻りやせぬ
三年たっても戻りやせぬ　戻りやせぬ

五．てんてん手まりは殿さまに
だかれてはるばる旅をして
紀州はよい国　日の光
山のみかんになったげな
赤いみかんになったげな　なったげな

三．手まりはてんてんと転がり
はずんで殿さまのかごの屋根の上へ
「もしもし、和歌山のお殿さま
あなたの国にあるみかんの木の山を
わたしに見せてください
見せてください」

四．殿さまのかごは東海道を進む
東海道の松並木の間を進む
でも宿場に滞在する日が多くて
一年たっても国に戻らない
三年たっても国に戻らない
戻らない

五．手まりは殿さまの腕の中で
長い間、旅をして
陽光の注ぐ素晴らしい紀伊の国で
山のみかんになったそうだ
赤いみかんになったそうだ
なったそうだ

毬《まり》と殿さま

てんてん

「てんてん手まり」の「てんてん」は、まりを地面に突く音です。

「てんてん」という語の、より一般的な用法は、太鼓の音を表す擬声語。日本の太鼓の響きは、低くて重い音の場合は「どんどん」「でんでん」「どんどこ」、明るく軽やかな音は「てんてん」「てけてけ」「てれつく」などと表現されます。この歌を書いた詩人の西條《さいじょう》八十《やそ》は、こうした言葉の中から、まりが弾む印象にもぴったりの「てんてん」を選んだのでしょう。

お国《くに》入《い》り

「お国入り」は、江戸時代の大名が自らの領国へ向かうことです。

江戸時代の大名は、一年を自国で暮らし、次の一年は江戸に住む、いわゆる参勤交代を義務づけられていました。この決まりに従って一年の江戸暮らしを終えた大名が、領国へ帰る旅が「国入り」です。

金紋《きんもん》／先箱《さきばこ》／供《とも》ぞろい

「金紋先箱　供ぞろい」は、大名行列の様子を描写する言葉です。

「供ぞろい」は、行列につき従う人々のことで、その先頭は「やっこ」と呼ばれる従者でした。彼らは、木箱の上面に棒をはさんで肩にかつぐ「はさみ箱」という荷物を運んでいましたが、この荷は「行列の先頭で運ばれるはさみ箱」なので「先はさみ箱」と呼ばれ、これを略した言葉が「先箱」です。

「金紋」は金箔で記した家紋。これを先箱につけるのが大名行列の決まりごとでした。「金紋先箱」はこの箱のことです。

ひげやっこ／毛槍《けやり》／やっこらさ

「ひげやっこ」とは、前項で述べた「やっこ」のこと。その特徴の一つが誇らしげなひげであることからついた俗称です。

やっこは、江戸時代の武家の特殊な従僕《じゅうぼく》。やっこ凧に描かれている、肌を大胆に露出した男、という説明が一番わかりいいかもしれません。日ごろは雑務担当ですが、大名行列では先頭に立って先箱をかついだり、槍を上げ下げしたりするのが務め。主君の威勢をアピールするため、滑稽なほどの大きな身振りとともに歩きました。

その際に用いる、先端が羽毛で覆われた槍が「毛槍」。「やっこらさ」は大きな身振りを表す擬態語です。

なったげな

「なったげな」の「げな」は、話を伝え聞いたことを表す言葉で、「みかんになったげな」は「みかんになったそうだ」という意味。「○○になったげな」は、昔話の結びによく用いられる言い回しです。

こんぴらふねふね

詞　不詳／曲　不詳

こんぴらふねふね
おいてに帆《ほ》かけて
しゅらしゅしゅしゅ
まわれば四国は
讃州《さんしゅう》　那珂郡《なかのごおり》
象頭山《ぞうずさん》こんぴら大権現《だいごんげん》
いちどまわれば

【歌詞の解釈】

金毘羅《こんぴら》さまへ向かう船は
追い風の中で帆をあげて
しゅらしゅしゅしゅしゅと軽快に進む
航海を続けた結果、四国の
讃岐《さぬき》の国、那珂郡《なかぐん》の
象頭山にある金毘羅大権現に着いた
航海を終えたので一度戻って……

こんぴらふねふね

こんぴら

「こんぴらふねふね」の「こんぴら」は香川県琴平町《ことひらちょう》にある金刀比羅宮《ことひらぐう》のこと。昔から「こんぴらさん」という名で親しまれ、全国から参詣の人々が集まる神社です。

「こんぴら」の語源は、古代インドで信仰された伝説の海獣《かいじゅう》「クムビーラ」です。ワニや鯨に似ていると言われるこの神獣《しんじゅう》がわが国に伝わり、日本の海の守護神「金毘《こんぴ》羅《ら》」になりました。薬師如来《やくしにょらい》を囲む十二神将の一人「宮毘羅大将《くびらたいしょう》」も起源は同じです。

このように、インド出身でありながら日本の神となった金毘羅にとって、仏と神を一つに合わせて信仰する、いわゆる神仏習合が当たりまえだった近世までは過ごしやすい時代でした。ところが明治になると神仏分離令が出され、二つの宗教をはっきり分けることが強制されます。

そこで、こんぴらさんは「松尾寺《まつおじ》」という寺の名を捨て、所在地の地名「琴平《ことひら》」を冠した「金刀比羅宮」という神社になることを選びました。「金刀比羅」で「ことひら」と読ませるのはやや無理があるようにも思えますが、「刀」と「比」を近づけて書けば「毘」に見えなくもないので、人々の心にある「金毘羅」のイメージを守れると考えた、とも言われています。関係者の苦労は実を結び、金刀比羅宮は二十一世紀のいまも「こんぴらさん」です。

おいて

「おいてに帆《ほ》かけて」の「おいて」は、追い風のこと。「て」は風を指します。同様に「て」が風を意味する「はやて」は突風。昭和三十年代の英雄、月光仮面の主題歌は「はやてのように現れて」という歌詞でしたね。また大相撲には追手風部屋《おいてかぜべや》があり、かつてここに在籍した追風海《はやてうみ》という関取は、まさに風のように土俵上を動き回って活躍しました。

「おいてに帆」は、この歌では文字通りの意味ですが「環境に恵まれて物事が順調に進む」という意味の慣用句でもあります。漢語にすれば「順風満帆《じゅんぷうまんぱん》」。船と風の関係を物事と環境の喩えに使う発想は日中共通です。

象頭山《ぞうずざん》／大権現《だいごんげん》

「象頭山金毘羅大権現《ぞうずさんこんぴらだいごんげん》」の「象頭山」は金刀比羅宮が鎮座する琴平山の別名。山並みを象の頭、お宮をその目に見立てての名です。

「権現」は「日本の神に変身して現れた仏」のことで、これに「大」をつけて深い敬意を表したのが「大権現」。「榛名《はるな》大権現」「秋葉《あきば》大権現」など、各地に多くの大権現が祀《まつ》られていますが、最も広く知られているのは、この金比羅大権現と東照《とうしょう》大権現です。後者は徳川家康を祀る神社。つまり、家康は単なる偉大な武将ではなく、東国《とうごく》から日本を照らす神であり、仏でもある、という考えに基づく名です。

いちどまわれば

『こんぴらふねふね』という歌が、いつ、どこで誕生したかはわかっていません。が、どうやって普及したかははっきりしています。酒席で客と芸者などが遊ぶ、いわゆるお座敷遊びの歌として広まったのです。

お座敷遊びの歌らしい、とてもおもしろい特徴は、メロディーにも歌詞にも終わりがないことです。一応、二番以降の歌詞も存在するのですが、たいていは一番の終わりで「いちどまわれば」と歌ったあと、一拍も休まずに冒頭に戻って「こんぴらふねふね」と歌い続けるのです。したがって「いちどまわれば」という句は、そこまでの歌詞とのつながりから「航海を終えたので出港地に戻って」と解釈することもできますが、「歌い終わったので、また最初から」という、歌い方についての掛け声とも考えられます。

では、この歌とともにお座敷ではどんな遊びをするのか。エンドレスの歌に合わせるわけですから、動作を「休まず続ける」ことのおもしろさを追求するものが多いようで、その代表が、歌に合わせて客と芸者が交互に手を動かし、機敏な動作がどこまで続くかを競う遊び。三味線を弾く芸者衆は、曲のテンポを次第に速くすることで座を盛り上げます。

また、この歌に合わせて踊る場合は、「いちどまわれば」のところで体を回転させたり、座敷の中を小さく回ったり。そして、とにかく休まずに踊り続けるのです。

第4章

童心にかえる歌

遠いあの日がよみがえる
幼ごころを取り戻す言葉の数々

春よ来い

詞　相馬御風《そうまぎょふう》／曲　弘田龍太郎

一．春よ来い　早く来い
歩き始めたみいちゃんが
赤い鼻緒《はなお》のじょじょはいて
おんもへ出たいと待っている

二．春よ来い　早く来い
おうちの前の桃の木の
つぼみもみんなふくらんで
はよ咲きたいと待っている

【歌詞の解釈】

一．春よ来い　早く来い
歩けるようになったみいちゃんが
赤い鼻緒のぞうりをはいて
外へ出たいと春を待っている

二．春よ来い　早く来い
家の前にある桃の木の
すべてのつぼみがふくらんで
早く咲きたいと春を待っている

金魚の昼寝

詞　鹿島鳴秋《かしまめいしゅう》／曲　弘田龍太郎

一.　赤いべべ着た
かわいい金魚
おめめをさませば
ご馳走《ちそう》するぞ

二.　赤い金魚は
あぶくを一つ
昼寝うとうと
夢からさめた

【歌詞の解釈】

一.　赤い着物を身にまとった
かわいい金魚
目をさましたら
ご馳走するぞ

二.　赤い金魚は
口から小さな泡を一つ出した
うとうとと昼寝をしていたが
いま、夢からさめた

春よ来い

じょじょ

「じょじょ」は、ぞうりを言う幼児語です。

ぞうりはもともと草やわらを編んで作る履き物だったので「草履《ぞうり》」と呼ばれていましたが、やがて「ぞうり」に、また「じょうり」という呼び名も生まれました。ひげをそる音を「ぞりぞり」「じょりじょり」の両方で表すように、日本人にとって「ぞ」と「じょ」は似た印象の音で、入れ替わりやすいのです。

この「ぞうり」「じょうり」という語を幼児に教える際、覚えやすいように言葉の頭を繰り返す形に変形したのが「ぞぞ」「じょじょ」で、どちらもぞうりのことです。

このように、幼児語とはおとなが幼児に教えるもの。幼児が作るものではありません。

おんも

「おんも」は表のこと。これも幼児語です。

幼い子にとって「お・も・て」のように発音のしかたの異なる音が三つも平板に並ぶ語の習得はいかにも難しそう。そこで、どちらもオ段である「お」「も」だけを取り出し、間に「ん」を入れることで幼い子でも発音しやすい言葉にしたのが「おんも」です。同じように「ん」を用いてゆったりした発音に変えた幼児語に、「歩み」や「足」を意味する「あんよ」があります。

金魚の昼寝

べべ

「赤いべべ着た」の「べべ」も幼児語。着物のことです。この歌では「べべ」ですが、昭和の中頃までは「おべべ」という形でよく使われていました。

語源は、布や紙などが頼りなく感じられるぐらいに薄いことを表す擬態語「べらべら」です。ここから、薄くて安っぽい着物を「べらべら」と呼ぶようになり、これが縮まって「べべ」が生まれました。ただし、その過程で「安っぽい」ニュアンスは消えたので、きれいな服を着た子に「素敵なおべべね」と言っても問題ありません。

おめめ

「おめめ」も幼児語。もちろん「目」のことです。「目」や「手」のような一音だけの言葉は、前後の語に紛れて子どもに伝わらないことがあるので、くり返すことで二音の語にしたのが「めめ」や「てて」。さらに「お」をつけて丁寧な言い方にしたのが「おめめ」「おてて」です。

「お」は本来、敬意を示したり、畏《かしこ》まった言葉づかいにしたりするための語。しかし「おめめ」「おつむ」「おねしょ」など、多くの幼児語で使われていて、子に丁寧な言葉で話しかけることを大切にする上品な育児の伝統を感じます。

雨

詞　北原白秋《きたはらはくしゅう》／曲　弘田龍太郎

一．雨がふります　雨がふる
遊びにゆきたし　傘はなし
紅緒《べにお》のかっこも緒が切れた

二．雨がふります　雨がふる
いやでもおうちで遊びましょう
千代紙《ちよがみ》折りましょう　たたみましょう

三．雨がふります　雨がふる
けんけん小雉《こきじ》がいま鳴いた
小雉も寒かろ　寂しかろ

四．雨がふります　雨がふる
お人形寝かせどまだやまぬ
お線香花火もみな焚いた

五．雨がふります　雨がふる
昼もふるふる　夜もふる
雨がふります　雨がふる

【歌詞の解釈】

一．ずっと雨がふっています
遊びに行きたいが傘はない
赤い鼻緒のついた下駄の、その鼻緒も切れてしまった

二．ずっと雨がふっています
不満でも自分の家で遊びましょう
千代紙を折ったりたたんだりして遊びましょう

三．ずっと雨がふっています
いま、雉の子がけんけんと鳴いた
雉の子も、さぞ寒くて寂しいことだろう

四．ずっと雨がふっています
遊び終えた人形を寝かしつけたけれどまだ雨はやまない
線香花火も使いきってしまった

五．ずっと雨がふっています
昼も夜もずっとふっています
ずっと雨がふっています

花嫁人形

詞　蕗谷虹児《ふきやこうじ》／曲　杉山長谷夫《すぎやまはせお》

一．金襴緞子《きんらんどんす》の帯しめながら
花嫁御寮《ごりょう》はなぜ泣くのだろ

二．文金島田《ぶんきんしまだ》に髪結いながら
花嫁御寮はなぜ泣くのだろ

三．姉《あね》さんごっこの花嫁人形《にんぎょ》は
赤い鹿《か》の子の振袖《ふりそで》着てる

四．泣けば鹿の子のたもとが濡れる
涙で鹿の子の赤い紅にじむ

五．泣くに泣かれぬ花嫁人形は
赤い鹿の子の千代紙《ちよがみ》衣裳《いしょう》

【歌詞の解釈】

一．豪華な金襴や緞子の帯をしているのに
花嫁さんはなぜ泣くのだろう

二．立派な文金高島田に髪を結っているのに
花嫁さんはなぜ泣くのだろう

三．お人形ごっこで使う花嫁姿の人形は
赤い鹿の子まだらの振袖を着ている

四．お人形が泣くと鹿の子まだらの袖が濡れてしまう
涙で鹿の子まだらの赤色がにじんでしまう

五．泣きたくても泣けないお人形は
赤い鹿の子まだらの千代紙でできた着物を着ている

緒《お》

「紅緒《べにお》」「緒が切れた」の「緒」は、下駄についている鼻緒、すなわち、足を履き物に固定するための紐のことです。

最近は草履や下駄も立派な和服に合う上質の品が主流のため、「緒が切れた」話をほとんど耳にしませんが、庶民が日用品として使っていた時代には、履いているうちに緒が切れる、ということが頻繁に起きていました。また、使う庶民のほうも、手ぬぐいなどを裂いて緒を作る術を心得ており、そうした作業を言う「鼻緒をすげる」という言葉も盛んに用いられました。

吉原《よしわら》で暮らす少女の心模様を描く樋口一《ひぐちいち》葉《よう》の名作「たけくらべ」では、主人公の美《み》登《ど》利《り》が、幼なじみの少年、信如《のぶゆき》の鼻緒が切れたのを見て、すげるための端切れを渡そうとするが受け取ってもらえない、という場面が印象的です。

かっこ

「紅緒のかっこも緒が切れた」の「かっこ」は、下駄という意味の幼児語です。語源は、下駄を履いて歩くときの音。「からころ」「からりころり」「からんころん」などと表現されますが、こうした擬声語から下駄を指す「かっこ」という言葉が生まれました。

千代紙《ちよがみ》

「千代紙」は、きれいな花や幾何学《きかがく》模様などが細かく印刷された紙。大正、昭和期の少女はこれを集めて見せ合ったり人形を作ったりして遊び、長じては化粧道具の箱に貼るなどして、その絵柄を楽しみました。「千代」は千年という意味。「君が代」の歌詞に「千代に八千代に」とあるように、国や地域、家系などの永い存続と繁栄を祈り、祝う際に用いられる言葉です。これがなぜ、模様のついた紙の名称になったかについては諸説がありますが、こうした紙が広まった当初は、鶴、亀、松など、千代を表現するおめでたい図柄のものが多かったから、という説が有力です。

けんけん

「けんけん小雉《こきじ》がいま鳴いた」の「けんけん」は、雉《きじ》の鳴き声を表す言葉です。

昭和の中頃まで、雉は身近な鳥でした。都市の近郊であっても、里山のある地域の住民はその姿をよく目にし、縄張り争いなどで発する高い声を「けんけん」、ふだんの鳴き声、もしくは羽音を「ほろほろ」「ほろろ」などと聞きとっていました。相談をしても無愛想で聞いてもらえない様子を「けんもほろろ」と言いますが、これは「人の態度が険しい」という意味の「けん（険）」という語に、雉の鋭い鳴き声「けん」を重ね、ついでに「ほろろ」も付け足した、一種の言葉遊びです。

花嫁人形

金襴《きんらん》／緞子《どんす》

「金襴緞子の帯」の「金襴」は、金箔を織り込んだ豪華な織物。「緞子」は厚くて光沢のある絹織物です。「金襴緞子」という言葉は、文字通りには「金襴と緞子」という意味ですが、華美で高価な織物の総称としても使われます。

花嫁御寮《ごりょう》

「花嫁御寮」は、花嫁に対して敬意を表し、より丁寧に呼ぶときの言葉です。

皇室の所有地を「御料地」と言いますが、古くは高貴な人やその子どもを指す「御料人」という語もありました。時代が下ると、家にとって大事な人ということで家を意味する「寮」の字が当てられ、「御寮人」や「御寮」、少しなまった「ごりょんさん」などが、主に商家の娘や若い妻の呼び名として使われるようになります。この「御寮」を「花嫁」の後ろに付け、品格を感じさせる言葉にしたのが「花嫁御寮」です。

文金島田《ぶんきんしまだ》

「文金島田」は、女性が結う日本髪の型の一つ。頭上で束ねた髪が高く持ちあがっているので「文金高島田《ぶんきんたかしまだ》」とも呼ばれます。「島田」は、現在では主に芸者さんが結う代表的な日本髪。東海道の島田宿《しまだじゅく》にいた遊女たちの髪形から広まったと言われます。

「文金」は、江戸中期の元文元年に浄瑠璃の太夫《たゆう》、宮古路豊後掾《みやこじぶんごのじょう》が始めたと言われる、束ねた髪を高く持ち上げるスタイル。同じ年に「文」という字が記された小判と一分金が発行されて「文金《ぶんきん》」と呼ばれたことから、これにちなんで「文金」の名がつきました。したがって「文金」自体は男の髪形ですが、その後、女性の結う島田髷《まげ》においても「文金風に髪を持ち上げる」ことが流行し、「文金島田」という名称になりました。

姉《あね》さんごっこ／花嫁人形

「姉さんごっこ」とは、姉様《あねさま》人形、すなわち、紙や布でできた女の人形を用いる女児の遊びのこと。人形には花嫁姿のものも多く、それらを指す言葉が「花嫁人形」です。

鹿《か》の子

「鹿の子」は、文字通りの鹿《しか》の子という意味が転じて、鹿全体を指す言葉です。が、この歌の「鹿の子」は「鹿の子まだら」の略。茶色の地にぽつぽつと白い斑点がある鹿の毛皮のように、濃い色の地に白い点が散らばる柄が鹿の子まだらです。三番以降はお人形の話。鹿の子まだらの千代紙の着物なので、涙で濡れると斑点がにじむ、だから泣けない、と歌っています。

→参照　「千代紙」１２７ページ

かわいい魚屋さん

詞　加藤省吾《かとうしょうご》／曲　山口保治《やまぐちやすはる》

一．かわいい、かわいい魚屋さん
ままごと遊びの魚屋さん
こんちはお魚いかがでしょ
お部屋じゃ子どものお母さん
今日はまだまだ要《い》りません

二．かわいい、かわいい魚屋さん
てんびんかついでどっこいしょ
こんちはよいよいお天気で
こちらのお家《うち》じゃいかがでしょ
今日はそうねえ　よかったわ

【歌詞の解釈】

一．かわいい魚屋さん
実は子どものお遊びの魚屋さん
「今日はお魚、いかがですか」
部屋ではお母さん役の子が
「今日はまだいりません」

二．かわいい魚屋さん
てんびん棒をどっこいしょと担ぎ歩き
「今日はいい天気ですね
おたくさまはお魚いかがですか」
「そうねえ、今日は間に合ってるわ」

三．かわいい、かわいい魚屋さん
ねじりの鉢巻《はちま》き、はっぴ着て
こんちはお魚いかがでしょ
大鯛《おおだい》小鯛《こだい》に、章魚《たこ》に鯖《さば》
おかんじょ上手にいっちょにちょな

四．かわいい、かわいい魚屋さん
ままごと遊びの魚屋さん
こんちはお魚売り切れだ
毎度ありがとございます
にこにこ元気でまたあした

三．かわいい魚屋さん
ねじり鉢巻きを締め、はっぴを着て
「今日はお魚、いかがですか
大鯛、小鯛、章魚、鯖があります」
勘定も上手に「一丁、二丁」とさばく

四．かわいい魚屋さん
実は子どものお遊びの魚屋さん
「今日はお魚がすべて売れました
毎度ありがとうございます」
笑顔で元気よく「じゃあ、また明日」

かわいい魚屋さん

ままごと

幼児がおとなの働きぶりをまねる、いわゆる「ごっこ遊び」にはいろいろなものがありますが、その中で、炊事や給仕、食事などの様子を演じるのが「ままごと」です。「まま」は、ご飯という意味の古い言葉。語源は、そのおいしさを表す「うまうま」だと言われています。「うまうま」が縮まって「まま」。よりくだけた言い方が「まんま」です。時代劇を見ていると「おまんまが食いたい」といった台詞を聞くことがありますね。

「まんまとしてやられた」と言うときの「まんまと」は「見事に」という意味であり、一見、ご飯を指す「まんま」と無関係のようですが、実はこれも「うまうまと」が変化した語。いわば兄弟の言葉です。

こんちは

この歌では、「こんちは」という言葉が、一、二、四番に登場します。このうち四番は「こんちはお魚売り切れだ」という形ですから、「こんち」が「今日《きょう》」という意味であることが明らか。つまり、この「こんち」は今日を意味する「こんにち」が縮まった形です。そして同じ歌の中ですから、一番と二番の「こんち」もおそらく同じと思われます。

でも、どうでしょう。「こんちはお魚い

かがでしょ」「こんちはよいよいお天気で」の「こんちは」は、挨拶の「こんにちは」が縮まった語のようにも感じられます。そう解釈して文から切り離しても、残った文に何の支障も生じないからです。

これは興味深いことです。なぜなら、「こんにちは」や「こんばんは」という挨拶は、「今日《こんにち》はお日柄もよく……」や「今晩はお寒うございますね」といった文の頭の部分が独立したもの、とされているからです。でも、本や授業でそう教えられても「文の頭が独立するなんて信じられない」と思ってしまいますよね。

しかしこの歌では、確かに「こんちは」という語が、いつ独立してもおかしくない調子で繰り返されています。だから私はこの歌を歌うたびに、「なるほど、こういう会話を繰り返すうちに、挨拶の言葉が生まれるのか」と思うのです。

いっちょにちょ

「おかんじょ上手にいっちょにちょな」の「いっちょにちょ」は「一丁、二丁」という言葉が縮まった句です。

「一丁、二丁、三丁……」は、さまざまな物について使われる数え方ですが、最近では豆腐とラーメンがその代表でしょうか。ここでは魚や海産物、あるいは小銭を数えながら口にしているのでしょう。「いっちょ、にちょ、さんちょ……」は、手毬歌《てまりうた》などで回数を数える言葉としても使われています。

ひらいた　ひらいた

詞　不詳／曲　不詳

ひらいた、ひらいた
何の花がひらいた
蓮華《れんげ》の花がひらいた
ひらいたと思ったら
いつのまにかつぼんだ

つぼんだ、つぼんだ
何の花がつぼんだ
蓮華の花がつぼんだ
つぼんだと思ったら
いつのまにかひらいた

【歌詞の解釈】

ひらいた、ひらいた
何の花がひらいたのか
蓮の花がひらいた
ひらいたと思ったら
いつのまにかつぼんだ

つぼんだ、つぼんだ
何の花がつぼんだのか
蓮の花がつぼんだ
つぼんだと思ったら
いつのまにかひらいた

あんたがたどこさ

詞　不詳／曲　不詳

あんたがたどこさ
肥後《ひご》さ
肥後どこさ
熊本さ
熊本どこさ
せんばさ
せんば山には狸《たぬき》がおってさ
それを猟師が鉄砲で打ってさ
煮てさ　焼いてさ　食ってさ
それを木《こ》の葉でちょっとかぶせ

【歌詞の解釈】

あなたのお国はどこか
肥後だ
肥後のどこなのか
熊本だ
熊本のどこなのか
せんばだ
せんば山には狸がいて
その狸を猟師が鉄砲で打ち
煮て　焼いて　食べて
その跡は木の葉でちょっと覆う

ひらいた　ひらいた

蓮華《れんげ》の花

『ひらいた　ひらいた』で歌われている「蓮華の花」については、レンゲソウの可憐な花を思い浮かべる人が少なくないのですが、これは勘違い。レンゲソウは、いったん咲いたらつぼみません。「いつのまにかつぼんだ」とも歌われているのですから、この「蓮華の花」は、池の水面にぽっかり咲く、あの美しいハスの花のこと。一つの花が「朝に開き、昼に閉じる」ことを数日間繰り返します。こんな咲き方をする大きな花は珍しく、だからこそ、このわらべ歌も生まれたのです。

ただ、多くの人がこの歌の「蓮華の花」をレンゲソウだと思ってしまうのには理由があります。文字を見てわかる通り「蓮華」は「蓮《はす》の花」ですから、「蓮華の花」という句は「馬から落馬」と同じ、くどい表現なのです。しかし、レンゲソウの花と見れば問題なし。それで勘違いする人が多いのでしょう。ちなみにレンゲソウは、その大きさや艶やかさでは比べものになりませんが、花の形だけに注目すればハスに似ているので、この名がついたと言われています。

ハスは、私たちの食生活にレンコンをもたらしてくれる有益な植物ですが、泥水の中で見事な花を咲かせることから、古来、煩悩《ぼんのう》だらけの私たちを悟りの世界に導く仏の教えの象徴とされてきました。だから多くの仏像はハスの花を台座とし、観音さまは胸の前にも一輪のハスを持っています。

また、おなじみの法華経《ほけきょう》の正式名は「妙《みょう》法蓮華経《ほうれんげきょう》」です。「妙法」は「妙《たえ》なる真理」という意味なのでいかにもお経にふさわしい言葉ですが、後半に注目すれば具体的な花の名が冠されているわけです。「法華経」という名も厳かで魅力的ですが、ときには「蓮華経」と呼んで、これはダリア経でもバラ経でもなくハスの花のお経だ、と思いながら唱えるのもいいかもしれませんね。

つぼんだ

「いつのまにかつぼんだ」の「つぼんだ」は、咲いていた花が閉じた、ということ。この歌に関して「つぼむ」の意味には何の疑問もありません。しかし、よそでは少し面倒なことが。「梅の木を見たら、もうつぼんでいたよ」のように、草や木につぼみができることも「つぼむ」と言うのです。この場合の「つぼむ」はむしろ膨らむことなので、この二つの「つぼむ」を同じ言葉と考えるべきか、分けるべきか。辞書も対応が分かれています。

もう一つ、やっかいなのは、意味も発音もよく似た「すぼむ」という言葉があることです。「つぼむ」と「すぼむ」は、どちらが古くからある言葉か、また、どう使い分けるのが正しいのか、はっきりしません。が、それでも私たちは問題なく使っているのだから、言葉とはおもしろいものです。あなたの服の袖は、先がつぼまっていますか。それとも、すぼまっていますか？

あんたがたどこさ

あんたがた

「あんたがたどこさ」の「あんたがた」については、「あなた達」と解釈している人が多いようですが、この歌の「あんたがた」は「あなたの郷土」という意味だと考えられます。

「かた」という語は漢字で書けば「方」で、もともとは方向や方角を表す言葉。時代とともに意味が広がり、「あちらのかた」「そちらのかた」といった言葉は、話し手が心に浮かべる「方向」だけでなく、そこにいる「人」も指すようになります。そんな中から、たとえば「奥様」と呼ばれる人々全体を指す「奥様がた」といった言葉も生まれました。会話の相手が属する集団を指す「あなたがた」もその一つです。

いっぽう、人名のあとにつく「かた」は、その人のいる方向、という意味が転じて、その人が住む地域や家も指すようになります。郵便物に書く「○○様方」は「○○様の居宅」。だから「あなたがた」は「あなたの住む地域」とも解釈できます。

では、「あんたがたどこさ」の場合はどちらか。歌詞には集団を感じさせる表現がありません。また続く質問は「どこさ」。つまり「どこの人?」ではなく、ただ「どこ?」です。したがって「あんたがた」は「あなたの住む地域」「あなたの郷土」と考えられるのです。

せんば山

この歌には謎が多く、たとえば歌詞では熊本に「せんば山」があることになっていますが、実際には川沿いに「船場《せんば》」地区があるだけで「せんば山」という山はありません。そこで、船場地区の土手のことだ、いや、埼玉県川越市にある仙波《せんば》山だ、といった説が唱えられています。後者の場合、「熊本どこさ／せんばさ」で熊本の話は終わり、それまで「どこさ」と尋ねていたほうが、自分の知っている川越の仙波山について「狸が……」と話し始めた、と考えるわけです。

そもそもどこの地方で生まれた歌かもわかっておらず、いまも議論が続いています。

ちょっとかぶせ

最後の「ちょっとかぶせ」という句も、それまでの歌詞と意味がつながりにくく、「狸《たぬき》を食べた痕跡を木の葉で覆う」など、さまざまな解釈がなされていますが、どれもすっきり収まるものではありません。

ただ、この句の「役割」は明確です。この歌は手毬歌《てまりうた》、すなわち、毬をつきながら口ずさむ歌です。遊び方はいろいろですが、歌詞に「さ」が出てくるたびに片足を毬の上に通し、歌の終わりでは毬を両足ではさむ、というのが広くおこなわれているやり方。したがって最後は着物やスカートの裾を毬にかぶせる形になります。この動きと、それまで歌ってきた内容を強引にまとめる歌詞が「ちょっとかぶせ」なのです。

かたつむり

詞　不詳／曲　不詳

一、でんでん虫々　かたつむり
お前の頭はどこにある
角《つの》だせ　槍《やり》だせ　頭だせ

二、でんでん虫々　かたつむり
お前の目玉はどこにある
角だせ　槍だせ　目玉だせ

【歌詞の解釈】

一、でんでん虫よ、かたつむりよ、
お前の頭はどこにあるのか
角のような触角を出せ、
槍のような触角も出せ、頭全体を出せ

二、でんでん虫よ、かたつむりよ
お前の目玉はどこにあるのか
角のような触角を出せ、
槍のような触角も出せ、目玉も出せ

黄金虫《こがねむし》

詞　野口雨情／曲　中山晋平

一．黄金虫は金持ちだ
金蔵《かねぐら》建てた　蔵建てた
飴屋《あめや》で水飴買ってきた

二．黄金虫は金持ちだ
金蔵建てた　蔵建てた
子どもに水飴なめさせた

【歌詞の解釈】

一．黄金虫は金持ちだ
金銀を入れる蔵やふつうの蔵を建てた
飴屋で水飴を買ってきた

二．黄金虫は金持ちだ
金銀を入れる蔵やふつうの蔵を建てた
子どもに水飴をなめさせた

かたつむり

でんでん虫

「でんでん虫」は、かたつむりの別名。でも、別名はほかにいくつもあり、その一つが「でで虫」です。実は、この「でで虫」がなまって「でんでん虫」になったのです。

では「でで」とは何か、といえば、「出よ出よ」という意味の「でいでい」が縮まった言葉。何に向かって「出よ」と言っているかといえば、もちろん、引っ込んでいることの多い、かたつむりの頭や角や目です。つまり「でんでん虫」という言葉は、その成り立ちから「頭よ出よ、角よ出よ」という思いが込められているわけです。

これを知ると、歌う気分が違ってきます。「お前は『出よ出よ虫』という名前なんだね。だから命じるぞ。頭よ出よ、角よ出よ」と呼びかけているように感じられ、より楽しく歌えるのです。

かたつむり

「かたつむり」は、「かたつぶり」が変化した語。語源は諸説ありますが、「かた」は「笠」あるいは「硬い」という意味で、「つぶり」は「つぶら」と同じく丸いことを表す、という説が有力です。ちなみに、やはり別名の一つである「まいまい」は、貝の渦巻きを言う「巻き巻き」から生まれた言葉です。

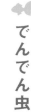

黄金虫《こがねむし》

黄金虫

　黄金虫は体長2センチほどの卵形の昆虫で、色は緑。といっても、金属のような光沢があって、光の加減や見る角度によって美しい金色にも見えるのでこの名があります。

　昔の人々は、きらきら輝くものを見つけると、宝石や金を指す「玉」「黄金」という言葉で喩えてきましたが、昆虫の世界にもこれらの語にふさわしい存在を二種類見いだし、その名に冠しました。それが玉虫と黄金虫。確かにどちらも輝いています。

飴屋《あめや》／水飴

「飴屋で水飴買ってきた」の「飴屋」は、飴を売る店のこと。近年は少なくなりましたが、有名な上野の商店街「アメ横」は、飴屋が多かったことからその名がついたとも言われています。また、大正期までは行商も盛んで、派手な格好をした飴売りが「飴売り唄」「飴屋節《ぶし》」などと呼ばれるおもしろい歌で人々を集め、飴を売っていました。「水飴」も最近は見る機会が減りましたが、昭和の中頃までは人気のおやつで、子どもたちは棒やさじにからめてなめていました。この歌は黄金虫の財産の多さを強調していますが、子に与えるのは安価な水飴。倹約家なのでしょうか……。ギャップのある歌詞が楽しい想像をかきたてます。

アメフリ

詞　北原白秋／曲　中山晋平

一．あめあめ、降れ降れ、母さんが
蛇《じゃ》の目でお迎え、嬉しいな
ピッチピッチ、チャップチャップ、ランランラン

二．掛けましょ　かばんを　母さんの
あとからゆこゆこ　鐘が鳴る
ピッチピッチ、チャップチャップ、ランランラン

三．あらあら、あの子はずぶ濡れだ
柳の根方《ねかた》で泣いている
ピッチピッチ、チャップチャップ、ランランラン

四．母さん、僕のを貸しましょか
きみきみ、この傘、差したまえ
ピッチピッチ、チャップチャップ、ランランラン

五．僕ならいいんだ、母さんの
大きな蛇の目に入ってく
ピッチピッチ、チャップチャップ、ランランラン

【歌詞の解釈】

一．雨よどんどん降れ。母さんが
蛇の目傘を差して迎えに来てくれるのが嬉しい
（雨が降って）ピッチピッチ
（足元ではねて）チャップチャップ
（僕の気持ちは）ランランラン

二．かばんを肩に掛けましょう。母さんの
あとについて歩きましょう
ほら、鐘が鳴っている（以下同じ）

三．おや、あの子はびしょ濡れだ
柳の根元で泣いている（以下同じ）

四．母さん、僕の傘を貸してあげましょうか
（泣いている子に）きみ、この傘を差しなさい
（以下同じ）

五．僕なら構わないよ。母さんの
大きな蛇の目傘に一緒に入って行くから
（以下同じ）

雪

詞　不詳／曲　不詳

一．雪やこんこ　霰《あられ》やこんこ
降っては降ってはずんずん積もる
山も野原も綿帽子《わたぼうし》かぶり
枯木残らず花が咲く

二．雪やこんこ　霰やこんこ
降っても降ってもまだ降りやまぬ
犬は喜び庭駆けまわり
猫はこたつで丸くなる

【歌詞の解釈】

一．雪よ降れ　霰よ降れ
どんどん降ってどんどん積もる
山も野原も綿帽子をかぶったように真っ白だ
すべての枯木もまるで花が咲いたようだ

二．雪よ降れ　霰よ降れ
どれほど降ってもまだ降りやまない
犬は喜んで庭を駆けまわり
猫はこたつで丸くなっている

アメフリ

蛇《じゃ》の目

「蛇の目でお迎え嬉しいな」の「蛇の目」は「蛇の目傘」の略。「蛇の目」のデザインが施された和傘のことです。

蛇の目は、濃い色の布に白いドーナツを一つ置いたような図柄。単純な模様ですが、ドーナツの穴の部分を目玉と見れば、蛇《へび》の真ん丸の目がこちらをギロリとにらんでいるようにも。そこで古くから「蛇の目」と呼ばれ、紋章などに使われてきました。

蛇の目傘は、傘を真上から見たときの大きな円と中心が同じになるようドーナツ模様を描いているので、干すときを除けば「目」は感じられないのですが、江戸時代に「蛇の目傘」の名で広まりました。ちなみに和傘とは、竹製の細い骨に紙や布を張った、開閉できる傘。蛇の目傘が粋な品として好まれるいっぽうで、デザインや品質の劣る安い傘も多く用いられ、こちらは「番傘《ばんがさ》」と呼ばれました。

ずぶ濡れ

「ずぶ濡れ」は全身が濡れること。「ずぶ」はもともと人や物がまるごと水中に入る様子を言う言葉で、そこから「程度が激しい」「まったくの」という意味でも使われるようになりました。「ずぶ酔い」は酩酊《めいてい》。「ずぶの素人」はまったくの素人です。

雪

こんこ

冒頭は「雪やこんこ　霰《あられ》やこんこ」です。誤って「こんこん」と歌う人が多いのですが、これは無理もない話。雪や霰を喜ぶわらべ歌は各地にありますが、たいていは舞い落ちる雪や霰を「こんこん」という覚えやすい言葉で表現しており、「こんこ」はごく一部だからです。多くの辞書も「こんこん」については「雨、雪、霰などが降る様子を表す」と説明していますが、「こんこ」の記載はなし。なのに、なぜ、この唱歌『雪』で「こんこ」が採用されたのか、研究者も首をひねっています。

ちなみに、「こんこん」の語源については「降れ、降れ」という意味の「来む、来む」とする説が有力。そこで「こんこ」には「来む、こ」すなわち「ここへ来い」という意味が込められているのでは、といった説も出されています。

綿帽子《わたぼうし》

「綿帽子」は、真綿《まわた》や木綿綿《もめんわた》で作った白くてふんわりしたかぶりもの。江戸時代までは花嫁衣裳の代表でしたが、やがて綿を詰めない角隠《つのかく》しにとって代わられました。いまは積もった雪の喩えとして見聞きすることの多い「綿帽子」ですが、もう一つ、タンポポの綿毛の玉の俗称でもあります。

ねんねんころりよ

詞　不詳／曲　不詳

一. ねんねんころりよ　おころりよ
坊やはよい子だ　ねんねしな

二. 坊やのお守《も》りはどこへ行った
あの山越えて里へ行った

三. 里のみやげに何もろうた
でんでん太鼓《だいこ》に笙《しょう》の笛

【歌詞の解釈】

一. お眠り、あっという間にお眠り
坊やはいい子なのだからお眠り

二. 坊やの子守り役はどこへ行ったの？
山を越えて実家のある郷里へ行ったね

三. かつて郷里から戻ったとき、
おみやげに何をもらった？
でんでん太鼓と笙の笛だったね

揺籠《ゆりかご》のうた

詞　北原白秋／曲　草川信《くさかわしん》

一．揺籠のうたを
カナリヤが歌うよ
ねんねこ　ねんねこ　ねんねこよ

二．揺籠のうえに
枇杷《びわ》の実が揺れるよ
ねんねこ　ねんねこ　ねんねこよ

三．揺籠のつなを
木ねずみが揺するよ
ねんねこ　ねんねこ　ねんねこよ

四．揺籠のゆめに
黄色い月がかかるよ
ねんねこ　ねんねこ　ねんねこよ

【歌詞の解釈】

一．揺籠の子を寝かしつける歌を
カナリヤが歌う
子に「ねんねこ、ねんねこ」と
話しかけるように

二．揺籠の上で
枇杷の実が揺れる（以下同じ）

三．揺籠を結んでいる綱を
リスが揺り動かす（以下同じ）

四．揺籠の子が見る夢の中では
黄色く輝く月が出る（以下同じ）

ねんねんころりよ

ねんねんころり

「ねんねんころり」は、赤ん坊を寝かしつけるときに使われる言葉です。「ねんねん」は眠ること。「ころり」は、まるで物がころりと転がるように、あっと言う間に状態が変化するときに使う語で、ここではもちろん、寝かそうとしている赤ん坊がたやすく眠りに落ちることを言っています。

「ねんねん」の語源は「寝る」です。「寝る」の名詞形は「寝が浅い」などと言うときの「寝」ですが、幼児との会話では、一音の語は理解してもらいにくい。そこで、目を「おめめ」、手を「おてて」と言うように、「ね」についても、「ねね」という言い方が生まれました。これが、より言いやすい「ねんね」「ねんねん」「ねんねこ」などの形に発展したと考えられます。つまり、これらはみんな幼い子にも通じるよう作られた、「睡眠」という意味の幼児語です。

当然、子守歌ではこれらの語が盛んに使われています。たとえば『中国地方の子守歌』の冒頭は「ねんねこしゃっしゃりませ」。「しゃっしゃる」は「する」の尊敬語「さっしゃる」がなまった言い方で、後半には「ねんねんころり」の変形である「ねんころろ」という言葉も登場します。また『揺籠《ゆりかご》のうた』では、揺籠の中の子に向かって、カナリヤが「ねんねこ　ねんねこ　ねんねこよ」と歌います。

お守《も》り／里

『ねんねんころりよ』の歌詞は、よく考えると不思議な文です。

二番以降の歌詞から窺えるのは、赤ん坊には「お守り」がいて、その人は、山の向こうの「里」、すなわち郷里の実家を離れて、この家に奉公に来ていることです。おそらく十代前半の少女でしょう。となると、この子守歌を口ずさむべきはその少女のはずなのですが、歌詞が告げるのは、そのお守りは里へ帰っている、という事実です。だとしたら、誰がいま「ねんねんころり」と子を寝かしつけているのでしょう。

多くが賛成する解釈は、赤ん坊の母、あるいは他の奉公人が、代役を務めながら歌っている、というもの。でも、代役のつぶやきが時代を越えて歌われ続けるでしょうか。

私のまぶたに浮かぶのは、こんな様子です。「ねんねんころりよ」と子をあやしているのはお守り役の少女で、彼女は里から戻ったばかり。赤ん坊の顔を見て「私が里に帰っていた数日間、この子はどうしていただろう」と申しわけない気持ちになり、ふと、時空を超えてその場にいる気分で独り芝居をおこなうのです。「あれ、いつものお守りがいないねえ。どこへ行ったの?」「あの山を越えて里へ行ったんだね」と。そう考えると「里のみやげに　何もろうた」以降の言葉は赤ん坊に恩を売っていることになりますが、それも申しわけなさの裏返しと見れば、とても愛おしく思えます。子守歌の解釈としては、ちょっと空想が過ぎるでしょうか。

でんでん太鼓《だいこ》

赤ん坊が「里のみやげ」にもらった「でんでん太鼓」は、ごく小さい太鼓に柄《え》がついたおもちゃ。太鼓の両側面から短い紐が出ていて、その先には小さな玉がついています。鳴らし方は簡単で、太鼓の柄を右へ左へとひねるだけ。そのたびに玉が太鼓の膜を叩く、というしくみです。

「でんでん」は、本来は大きな太鼓の低くて重い音を表す言葉。それに対して小さい太鼓の高い音は「てんてん」。日本人は「て」と「で」の音をそんなふうに感じ、使い分けてきました。「と」と「ど」の場合も、ノックの「どんどん」は「とんとん」よりも重い感じですね。つまり、私たちは濁音に重さや強さを感じるのです。

だから、高い音が出るこのおもちゃは「てんてん太鼓」と呼ぶべきなのですが、なぜか、でんでん太鼓。これは、デザインという点で、祭礼用の大太鼓を模したものが多かったからかもしれません。ごく小さなおもちゃだからこそ、でんでんと鳴る大太鼓に見立ててそれらしい名をつけた、昔の人の洒落《しゃれ》っ気を感じます。

笙《しょう》の笛

もう一つのおみやげ、「笙の笛」については、よくわかっていません。雅楽《ががく》で用いる笙は、いわば竹製の筒型ハーモニカで、吹いたり吸ったりすることで同時に複数の音が出ます。笙の笛は、おそらくこの笙の原理を使った簡素な笛でしょう。

揺籠《ゆりかご》のうた

揺籠

「揺籠」は、揺り動かして乳幼児を眠りに誘《いざな》うための籠《かご》。ただ、この歌が作られた大正時代においては、富裕層だけが持つことのできる洒落た家具だったと思われます。この『揺籠のうた』も西洋の童話のような歌詞が人々をうっとりさせたのでしょう。

ところで「揺籠のうたを／カナリヤが歌うよ」という文をゆっくり朗読してみてください。なんとなく「反復」を感じるはず。それは、前半と後半で似た発音をしているからです。ローマ字で表すと「ゆりかごの」は「YURIKAGONO」。「カナリヤが」は「KANARIYAGA」。順序は違いますが、子音は同じ「Y、R、K、G、N」。つまり、この文を読むと私たちは同じような口の動きを繰り返すことになり、意識はともかく、口は「反復」を感じます。それは、一種のリズム感を伴う感覚であり、揺籠の揺れのリズムに通じるのです。

木ねずみ

「木ねずみ」はリスの別名です。変な名前と思われるかもしれませんが、実は「リス」も、栗を好むねずみという意味の「栗鼠（りっそ／りっす）」が語源なのです。

「ねんねこ」→参照「ねんねんころり」150ページ

コラム3

「わらべ歌」とは

昭和の中頃まで、日本の子どもたちは子どもならではの歌を暮らしの中で口ずさんでいました。たとえば毬《まり》で遊ぶ子は手毬歌を、子守りをする子は子守歌を……。どこからともなく生まれるこうした歌はわらべ歌と呼ばれ、この本で取り上げた歌では『ひらいた　ひらいた』『あんたがたどこさ』『ねんねんころりよ』の3曲がそうです。時は流れ、現代の子どもたちが口ずさむ歌の大半はメディアを通じて覚えたもの。伝承の歌を聞くことはまれで、ちょっと寂しい気がします。

さて、ここまでのコラムで、本書が取り上げた歌を、唱歌、童謡、わらべ歌に分けて紹介したので、この三つに入らなかった歌の出自についても述べておきましょう。

『桜』は、琴の練習曲に詞がついて生まれた歌。『こんぴらふねふね』は江戸時代から伝わる俗謡。『花』と『荒城の月』は、唱歌よりも一段レベルの高い、いわば芸術歌曲を追求した作曲家、瀧廉太郎の意欲作。『椰子の実』は、島崎藤村《しまざきとうそん》が明治期に書いた詩に、昭和前期、NHKラジオが曲をつけて流行させた歌。『かあさんの歌』は、戦後の社会運動の一つである「うたごえ運動」の中で生まれた歌です。

第5章

古典に親しむ歌

格調高くも親しみ深い
日本語の美を感じる言葉の数々

花

詞　武島《たけしま》羽衣《はごろも》
曲　瀧廉《たきれん》太郎《たろう》

一、春のうららの隅田川
のぼりくだりの船人《ふなびと》が
櫂《かい》のしずくも花と散る
眺めを何にたとうべき

二、見ずや　あけぼの　露《つゆ》浴びて
われにもの言う桜木《さくらぎ》を
見ずや　夕暮れ　手をのべて
われ差《さ》し招《まね》く青柳《あおやぎ》を

三、錦《にしき》おりなす長堤《ちょうてい》に
暮《く》るればのぼる朧月《おぼろづき》
げに一刻《いっこく》も千金《せんきん》の
眺めを何にたとうべき

【歌詞の解釈】

一．春、うららかな日の隅田川では
行き来する船の漕ぎ手が握っている
櫂から垂れるしずくさえ花のようだ
この眺めは美しすぎて何にも喩えられない

二．見ずにはいられない
夜明けに朝露をたくさんつけて
私に語りかける桜の木を
見ずにはいられない
夕暮れ時に手を伸ばすようにして
私を手招きする青々とした柳を

三．美しい色があふれる長い土手の上に
日が暮れてぼんやり霞んだ月が昇る
本当に、ほんのひとときでも
ここで過ごすことは金貨千枚に値する
この眺めは美しすぎて何にも喩えられない

花

うらら

「春のうららの」の「うらら」は、「うららか」と同じ。明るい日が差す穏やかな陽気を言う言葉で、もっぱら春の気候に関する文で使われます。

でも「うららか」と比べると目にする機会が少ないので、学生時代、辞書を引いたときは、この『花』の歌詞が用例として載っているかも、と思っていました。が、大間違い。そこにあったのは源氏物語の「胡《こ》蝶《ちょう》」の巻に出てくる和歌です。「春の日のうららにさしていく船は棹《さお》のしずくも花ぞ散りける」。いまの言葉にすれば「穏やかな春の日が差す中、棹を差して進む船を見ると、その棹から垂れるしずくまでが花のように美しい」といった意味ですが、そう、お気づきですね。『花』の一番とよく似ています。『花』の作詞をした詩人で国文学者でもある武島《たけしま》羽衣《はごろも》が、この和歌を基に一番の詞を書いたことは、ほぼ確実です。

のぼりくだり／船人《ふなびと》が

「のぼりくだり」は、川の上流への運航と下流への運航。つまり、船の行き来、往来のことです。

「船人」は船を操る船頭です。船の客も船人と呼ばれることがありますが、ここでは船頭。なぜなら、手に櫂《かい》を持っているからです。

「船人が」の「が」は、「おらが村」「君が代」などの「が」で、現在の「の」にあたる、所有を表す助詞です。つまり「船人が櫂」は「船人の櫂」。曲のフレーズは「船人が」でいったん終わりますが、語句としてはつながっているわけです。

なお、この「船人」については、ふつうの船頭ではなく、隅田川で催されたボート競技の漕《こ》ぎ手と見る説もあります。

櫂《かい》

「櫂のしずく」の「櫂」は、船を漕ぐ道具です。

船を人の手で推進させるための道具は三種類あります。一つは、船の縁に取り付け、水を後方に押しやるように動かすことで船を前進させる細長い板。これが櫂です。二つめは、船の後端に付け、水を切るように動かして水流を作り、船を動かす長い板で、櫓《ろ》と呼ばれます。三つめは、水をかくのではなく、川などの底の土を突いて船を進める棹です。

先ほど紹介した源氏物語の歌では「棹のしずく」でしたが、武島羽衣は「櫂のしずく」に変えました。「棹のしずく」と「櫂のしずく」、声に出して歌い比べてみてください。棹は、目に浮かぶ動きも「さお」という発音もおとなしい感じ。いっぽうの櫂はイメージに躍動感があり「かい」という音も溌剌《はつらつ》としています。「櫂のしずく」だから私たちは元気よく歌えるのです。古典から素材を得つつも近代の合唱曲にふさわしい詞を作りあげた詩人の才能に脱帽です。

何にたとうべき

「何にたとうべき」の「たとう」は、比喩を用いて表現する、という意味の「たとえる」の古い言い方です。

いっぽう、「何」で始まって「べき」で終わる文は、直訳すれば「何をすべきだろう」「何ができるだろう」という意味ですが、しばしば、それに対する答えとして浮かぶ「いや、何もすべきでない」「何もできない」という思いを聞き手や読み手に感じてもらうために用いられます。いわゆる「反語」に近い表現。この歌の「何にたとうべき」も「どんな比喩で表せるだろう。いや、どんな比喩でも表せそうにない。それほど美しい」という意味です。

見ずや

「見ずや　あけぼの」「見ずや　夕暮れ」という形で、二番に二度登場する「見ずや」も反語です。「見ず」は「見る」を打ち消した言葉。これに疑問を表す「や」がついた形なので、素直にとれば「見ないか？」ということですが、このような文形もしばしば「○○しないことがあるか。いや、決してない。必ず○○する」という思いを表します。この歌の「見ずや」も「見ずにはいられない」「必ず見る」という意味です。

有名な「論語・学而編《がくじ》」の冒頭は「子曰《しいわ》く、学びてときにこれを習う、またよろこばしからずや」と訓読されますが、この「よろこばしからずや」も反語です。そのまま読めば「よろこばしくないことがあるか」

という意味ですが、「大いによろこばしい」と言っているのです。

あけぼの

「あけぼの」は、漢字で書くと「曙」。夜が明けようとする時間帯のことです。夜が「あけ」始め、空が「ほのぼの」と薄明るくなるので「あけぼの」です。

　日本語には、この「あけぼの」を始めとして、夜明け前後を指す言葉がいくつもあります。たとえば、「あかつき（暁）」「しののめ（東雲）」「ありあけ（有明）」「朝ぼらけ」など。こうして挙げてみると、どの順番で夜から朝になっていくのかを確認したくなりますが、いざ並べようとすると、うまくいきません。ある時代にこれらの語が同時に生まれたわけではなく、長い年月の中で、使われる語彙とそれぞれの用法が変化しているからです。

　が、これらの言葉について調べているとはっきり伝わってくることが一つ。昔の人々は、私たちよりもずっと早起きで、夜明け前後の空や気配をとても身近に感じ、よく観察していた、ということです。

差《さ》し招《まね》く

「差し招く」は、手で合図をして招き寄せること。「われ差し招く青柳《あおやぎ》」は「まるで『おいでおいで』というように枝を動かして私を招く、青々とした柳」という意味です。

錦《にしき》おりなす

「錦おりなす」の「錦」は、色糸を何種類も使った高級な織物。「おりなす」は漢字で書くなら「織り成す」で、「錦おりなす」は多くの色によって生まれる美を表現する際の伝統的な言い回しです。

↓参照「錦」45ページ

長堤《ちょうてい》

「長堤」は長い堤《つつみ》。ここでは隅田川両岸の長い堤防のことです。ちなみに、堤は水があふれないように「つつみこむ」から「つつみ」。印象はまったく違いますが、語源は品物などがこぼれ落ちないようにつつみこむ「包み」と同じです。

暮《く》るれば

「暮るればのぼる」の「暮るれば」は、「暮れる」という意味の古い言葉「暮る」に「〇〇すれば」の「ば」が付いた形で、「日が暮れたので」「日が暮れて」という意味です。「〇〇れば」という言葉は、いまは仮定の話で用いられますが、昔は主として理由を言うための語句でした。現在、そのなごりと思われるのは、会議の議長が口にする「反対意見はありませんか。なければ決定します」という言葉。その言葉と同時に議題を終わらせるのだから「ない場合は決定します」という意味とは思えません。ほとんどの議長は特に意識せず「ないので」という意味で用いているのでしょう。

げに

「げに一刻《いっこく》も千金《せんきん》の」の「げに」は、「まさに」「本当に」ということ。以前から思っていたことや人から聞いた話について「確かにそうだ」と強く感じたことを表す言葉です。ここでは、春の夕暮れ時の隅田川の風情に心を酔わせ、有名な漢詩の一節「春《しゅん》宵一刻値千金《しょういっこくあたいせんきん》」を思い出して、「確かにその通りだ」と感じています。

一刻も千金

前項で挙げた「春宵一刻値千金」という詩句を詠んだのは、約千年前の中国にあった北宋《ほくそう》という国の文人、蘇軾《そしょく》。蘇東坡《そとうば》とも呼ばれます。彼が詠んだ「春夜《しゅんや》」の中に、「春の宵《よい》はひとときが金貨千枚の価値を持つ」という意味の「春宵一刻値千金」という詩句があり、日本でも古くから名句とされてきました。この『花』はその伝統を踏まえて「げに一刻も千金の眺めを何にたとうべき」と歌っており、いまの言葉にするなら「まさに春宵一刻値千金と詠まれた通りの春の宵の眺めは、喩えようがないほど美しい」ということです。

なお、春の宵の評価に関しては、金貨千枚では足りないと主張する人物もいます。それは有名な大泥棒、石川五右衛門《いしかわごえもん》。歌舞伎の「楼門五三桐《さんもんごさんのきり》」では、京都にある南《なん》禅寺《ぜんじ》の山門の上に乗って「絶景かな、絶景かな」と唸《うな》ったあと、「春の眺めはひと目千金とは小せえ小せえ。俺の目からはひと目万両万々両」と言い放つのです。

荒《こう》城《じょう》の月

詞　土井晩翠《どいばんすい》／曲　瀧廉太郎

一．春　高楼《こうろう》の花の宴《えん》
めぐる盃《さかずき》　影さして
千代《ちよ》の松が枝《え》　分《わ》けいでし
昔の光　いまいずこ

二．秋　陣営《じんえい》の霜《しも》の色
鳴きゆく雁《かり》の数見せて
植《う》うる剣《つるぎ》に照り添いし
昔の光　いまいずこ

【歌詞の解釈】

一．春は城郭《じょうかく》で花見の夜宴がおこなわれたことだろう
そこでは盃《さかずき》を回して酒を飲む侍たちの姿がくっきり浮かび
大昔からある松の枝の間を抜けてきた月光が
それを照らしていたはず
そんな昔の人々を浮かびあがらせた光は、
いまどこに行ってしまったのだ

二．秋は侍たちの構えた陣に白い霜が降りる中、
緊迫の時を迎えたことだろう
そこに反射する月光は、
鳴きながら飛ぶ雁の数の多さを明らかにし
戦闘に備えて立てられた刀を照らしていたはず
そんな城の様子を浮かびあがらせた光は、
いまどこに行ってしまったのだ

三．いま　荒城のよわの月
変わらぬ光　誰《た》がためぞ
垣《かき》に残るはただ蔓《かずら》
松に歌うはただ嵐

四．天上影《てんじょうかげ》は変わらねど
栄枯《えいこ》は移る　世の姿
写さんとてか　いまもなお
ああ　荒城のよわの月

三．いまはさびれてしまった城も、夜になると月に照らされる
その光は昔と変わらないが、
いったい誰のために照らしているのだろう
石垣に残っているのは蔓草《つるくさ》だけ
松の枝の間で音を立てているのは強風だけだ

四．天から届く光はずっと変わらないのに
必ず栄枯盛衰《えいこせいすい》がある、そんな人の世の様子を
いまもはっきり見せようとしているのだろうか
ああ、さびれた城を照らす夜の月よ

荒城《こうじょう》の月

高楼《こうろう》

「荒城の月」の一番の歌詞は、いまは荒れ果てた城でかつておこなわれていたであろう、春の夜の宴会に思いを馳せています。

「高楼」は高い建物。ただし、昔はほとんどの家が平屋だったので二階建ても高楼で、ここでは城を指します。

「楼」は一字だけでも高い建物という意味。遠くを見渡すための塔は「望楼《ぼうろう》」、鐘を鳴らす塔は「鐘楼《しょうろう》」です。また、かつては高層ビルのことを、天を摩《さす》るほど高いビルということで「摩天楼《まてんろう》」と呼びました。

めぐる盃《さかずき》

侍の宴会では、大きな盃に酒を入れ、みんなで回し飲みをして結束を固める、ということがしばしばおこなわれました。「めぐる盃」は、たった一言でその様子を私たちの眼前に届ける見事な表現です。

この箇所だけでなく、『荒城の月』の詞はかつて城にいた武士の様子を想像し、描写しつつも、「武士」や「侍」という語を一切使わず、また、侍の性質や思想も言葉にしていません。語られるのは、城の回りの松や、城を照らす月や、月光を受けて光る剣など。そこから先は、歌う人、聴く人に想像してもらおう、という趣向です。そのため生々しさがなく、まるで能の舞台を見るよう。戦いや侍のイメージが大きく揺れた昭和時代を生き抜いて、いまも名曲と称えられている理由の一つはそこでしょう。

影さして

「かげ」という言葉は意味の幅が広く、すぐに思い浮かぶ「光が遮られているところ」のほかに「光」そのものや「はっきり見えている物の形」も表します。「めぐる盃　影さして」の「影」についても、①月光を受けて壁などに映る盃の黒い影、②月光、③盃の形、という三通りの解釈が可能ですが、続く歌詞でおもむろに月光の話を始めているので、ここは光や陰影についての言葉とは思えません。「めぐる盃　影さして」は、侍たちの回す盃の形が宵闇の中にくっきりと浮かぶ様子を歌っているのでしょう。

千代《ちよ》の松が枝《え》／分《わ》けいでし

「千代の松が枝」はわかりにくい言葉ですが、「千代の松」と「松が枝」に分けて考えれば理解できます。「千代の松」は、千年の歳月を生きた松という意味で、松の古木を称える言葉。「松が枝」は松の木の枝。これを合わせた「千代の松が枝」は「松の古木の枝」ということです。

「分けいでし」は、分け入って出た、言い換えれば、狭い隙間を通ってきた、ということ。「千代の松が枝　分けいでし」は「松の古木の枝の間を通ってきた」という意味です。

いずこ

「いまいずこ」は「いまはどこにあるのだろう」という意味。「いずこ」は、特定されていない場所を指す言葉で、いまの言葉にすれば「どこ」です。日露戦争で命を落とした軍人を称える唱歌『広瀬中佐《ひろせちゅうさ》』では、沈む船の中で部下を探す中佐の「杉野はいずこ」という叫び声が歌詞に織り込まれました。

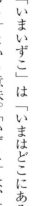

太古の昔、私たちの先祖は「定まっていないもの」を「い」と呼んでいたようです。そこから、数に関する「いくつ」「いくら」、時間についての「いつ」、場所の「いずこ」、複数の事物から一つを選ぶ際の「いずれ」といった言葉が生まれたと考えられます。

ところが、その後、「いずれ」や「いずこ」は発音が変化し、肝心の「い」が落ちてしまいます。その結果、「いずれ」は「どれ」に、「いずこ」は「どこ」になったのです。

陣営《じんえい》／霜《しも》の色

二番の歌詞は、かつて城を覆ったと想像される、戦の前の緊迫した空気を歌っています。

「陣営」は、侍が集まって待機し、また命令などを伝える兵営のことです。「霜の色」という句は、その陣営に白い霜が降りていることを告げていますが、それは寒さを伝えるだけの表現ではありません。二番の冒頭に「秋」とあるので、これは秋の霜。そして秋の霜は、ふと気づくと野や畑を真っ白に染め、それまで元気だった草木や作物を枯らすことから、古来「厳しいもの」の象徴でした。これを夏の厳しい日ざしと並べた「秋霜烈日《しゅうそうれつじつ》」という四字熟語は、政治や刑罰が苛烈《かれつ》であることの喩えとして使われます。

つまり、「陣営の霜の色」という歌詞から浮かびあがるのは、陣の寒さに加え、地面が白く染まったことで一段と増した緊迫感。さらには、このあとの戦いで必ず犠牲者が出る、厳しい運命です。

植《う》うる剣《つるぎ》

「植うる剣」の「植うる」は、いまの言葉で言えば「植える」。「植うる剣」は「植えてある刀剣」ということです。刀剣を植える、というのはおかしな話ですが、侍たちが戦に備えて刀を立てている様子を、木々の植えられた庭に喩えているのです。

よわ

「よわ」とは夜間のことです。日本人は古くから、「よ」「よる」「さよ」「よわ」などの言葉で「夜」を表現してきました。これらの語に大きな意味の違いはありませんが、あえて言えば、「よわ」には日没から時を経て、すっかり夜になってからの「時間帯」というニュアンスがあります。だから、「さよ」は更けたり明けたりしますが、「よわ」にはそうした用例がほとんど見られず、また、しばしば「夜半」という漢字が当てられます。

誰《た》がため

「誰がためぞ」は、いまの言葉にすると「誰のためなのだ」ということです。

名前や正体を知らない人について話すとき、私たちは「だれ」という言葉を使いますが、昔は濁点のつかない「たれ」や「た」という語も多く使われました。比較的、新しい例としては、西條八十《さいじょうやそ》作詞、古賀政《こがまさ》男《お》作曲で霧島昇《きりしまのぼる》が歌った『誰《たれ》か故郷を想わざる』や、ヘミングウェイの小説『For Whom the Bell Tolls』の邦題『誰《た》がために鐘は鳴る』があります。後者がそうであるように、「誰《た》」という語は「誰《た》がため」という慣用句の中で使われることが多く、この『荒城の月』もその一例です。

天上影《てんじょうかげ》

「天上影は変わらねど」は、天空の様子は昔から変わっていないが、という意味です。「天上」は空、「影」はそこにある日や月、またその光を指しますが、ここでは夜空に浮かぶ月の光のことを言っています。

栄枯《えいこ》

「栄枯は移る」の「栄枯」は、栄えることと枯れること。「栄枯は移る」で、人や集団が「栄えたり衰えたりする」という意味になります。

「栄枯」は本来、草や木が開花したり枯れたりすることを言う言葉ですが、たいていは人や国家の隆盛と衰退についての話で使われます。あとに「盛衰《せいすい》」を加えて意味をはっきりさせた四字熟語「栄枯盛衰」も小説や随筆などの中でよく見ますね。

ただし、こうした言葉を使う人々は、それを嘆き、ときに涙しているものの、驚いてはいません。平氏の滅亡を描く平家物語の昔から、栄枯盛衰が世の常であることは揺るがぬ真理として了解されているからです。つまり、すでにわかっていることなのに、これをテーマとして詩や物語が繰り返し作られ、多くの人がそれを読み、聞いて、心を打たれている、ということになります。

なぜ、私たちはこうした話を好むのか。

おそらく、栄えたものが滅ぶ大きな悲しみに心を浸すことで、日ごろの些細な鬱憤《うっぷん》などが洗い流される、ということがあるでしょう。また、どんなに栄えてもやがては滅ぶ、という事実を確認することで、自分の中にある果てのない欲望や成功者への嫉妬を鎮め、心の安らぎを保っているのかもしれません。栄枯の観察は、いわば、日本人が伝統的に用いてきた心の薬。この『荒城の月』もその一服と言えます。

写さんとてか

「写さんとてか」の「とてか」は「○○と思ってのことか」ということ。「栄枯は移る世の姿　写さんとてか」は「栄えたり衰えたりする世界のありようを写し出そうと思ってのことか」という意味で、さびれた城を照らす月を人に見立てて、その胸の内を想像している言葉です

浜辺の歌

詞　林《はやし》古《こ》渓《けい》／曲　成《なり》田《た》為《ため》三《ぞう》

一．あした浜辺をさまよえば
昔のことぞしのばるる
風の音よ　雲のさまよ
寄する波も　貝の色も

二．夕べ浜辺をもとおれば
昔の人ぞしのばるる
寄する波よ　返す波よ
月の色も　星のかげも

【歌詞の解釈】

一．朝、浜辺をあてもなく歩くと
昔のことが心に浮かんでくる
風の音、雲の様子、そういうものが
昔のことを思い出させる
打ち寄せる波も、浜の貝の色もそうだ

二．夕方、浜辺をめぐって歩くと
昔の人のことが心に浮かんでくる
寄せる波、返す波、そういうものが
昔の人を思い出させる
月の色合いも、星の光もそうだ

庭の千草《ちぐさ》

詞　里見義《さとみただし》／曲　アイルランド民謡

一．庭の千草も虫の音《ね》も
かれて寂しくなりにけり
ああ白菊《しらぎく》　ああ白菊
一人おくれて咲きにけり

二．露《つゆ》にたわむや　菊の花
霜に傲《おご》るや　菊の花
ああ　あわれあわれ　ああ白菊
人のみさおも　かくてこそ

【歌詞の解釈】

一．庭のさまざまな草も虫の声も
絶えて、寂しくなった
ああ、白い菊が　白い菊が
一人だけ残って咲いていた

二．菊の花が、露の重みでしなっている
菊の花が、霜に負けずに咲いている
ああ　白い菊が心にしみる
人の心もこのようでありたい

浜辺の歌

あした

冒頭の「あした」は、朝という意味です。現在では「あした」と言えば今日の翌日のことですが、万葉集の歌に出てくる「あした」は朝のこと。その後、朝は朝でも翌朝を指すようになり、やがて翌日全体を意味するいまの用法が生まれました。

現代の日常生活では、朝を意味する「あした」に出会うことはまずありませんが、浄土真宗のお葬式ではそれを聞くことができます。僧侶の読む法語「白骨《はっこつ》の御文《おふみ》」の中に、「あしたには紅顔《こうがん》ありて夕べには白骨となる」という、法語の名称の由来でもある有名な一節があるからです。この「あした」は朝、「夕べ」は夕方のことです。「夕べ」については、次のページの説明をご覧ください。

しのばるる

「昔のことぞしのばるる」の「しのばるる」は、「懐かしく思い出す」という意味の動詞「しのぶ」に、無意識に心が働くことを意味する「る」がついたもので、「自然に思い出される」ということです。文末が「るる」という連体形になっているのは、「昔のこと」のあとに挿入された、文意を強調するための「ぞ」に呼応したもの。係り結びと呼ばれる古文の約束事です。

夕べ

「夕べ」は夕方のこと。一番の歌詞が、朝を意味する「あした」で始まったことを受け、二番は「夕べ」で始まります。

この「夕べ」も、「あした」同様、二つの意味があってややこしい言葉です。もともとはただ「夕方」を指す言葉だったのですが、使われる機会の多くが、夕方から数時間を経た翌朝以後、その夕方を振り返って「夕べは……」と語る場面であったため、昨日の夕方、ひいては昨日の夜の全体を指すようになったと考えられています。近年、元の意味での「夕べ」を見るのは、主に「夕べの祈り」「室内楽の夕べ」といった作品や行事のタイトルですね。

もとおれば

一番で「さまよえば」と歌った箇所は、二番で「もとおれば」という難しい言葉になっていますが、この「もとおる」は「さまよう」とほぼ同じ意味。あてもなく歩き回る、ということです。

古文の勉強を除けば、私たちが「もとおる」という単語を口にするのは、この『浜辺の歌』と『平城山《ならやま》』を歌うときだけでしょう。大正から昭和にかけて活躍した歌人、北見志保子の短歌をそのまま歌にした『平城山』の一番は「人恋うは哀しきものと平城山にもとおり来つつ堪《た》えがたかりき」。「平城山をさまよい歩いたが、恋は悲しいものという思いがとめどなくあふれた」と、叶わぬ恋の苦しさを歌っています。

庭の千草《ちぐさ》

千草

「千草」の「千」は、文字通り数の千を意味する言葉ですが、たいていは「数が多い」ことを表します。この「千草」も「多くの草」「さまざまな種類の草」のこと。「八千草《やちぐさ》」という語も同じ意味です。これを意識すると、名優、八千草薫さんのお名前にまた新たな芳香を感じますね。なお、「千○○」という言葉については、『霞か雲か』の「百鳥」(14ページ)、『蛍の光』の「ちよろず」(94ページ)、『雨』の「千代紙」(127ページ)の項もご参照ください。

かれて

「かれて寂しくなりにけり」の主語は、「庭の千草」と「虫の音」の両方。ですから、草は「枯れる」で意味が通じるけれど、虫の音が「かれる」のはちょっとおかしいようにも思えます。が、そうでもないのです。「かれる」は基本的に「水や水分による潤いがなくなる」ことを指す言葉。したがって、川の水がなくなるのも「かれる」です。いっぽうで日本人は、虫の声を聞く際に、水の音を聞くときと似た心持ちで味わう性向があります。芭蕉の「閑《しずか》さや岩にしみいる蝉の声」という句でも、蝉の声がしみいっていますね。つまり、日本人にとっては虫の声も水の流れと同じ。それが絶えれば「かれる」と感じるのです。

おくれて

「おくれて咲きにけり」の「おくれて」は、他の草が枯れた中で「残って」という意味。人間の場合、一体感を抱いていた人が逝き、自分が残ったときの胸中を「死におくれた」と表現しますが、ここでは菊の花が「枯れおくれて」咲いているわけです。

霜に傲《おご》る

「霜に傲る」は「霜に打ち克《か》つ」こと。「傲る」はふつう「傲慢になる」という意味ですが「霜に傲る」だけは肯定的な表現です。

この『庭の千草』の歌詞は、北宋時代の文人、蘇軾の詩「劉景文《りゅうけいぶん》に贈る」の中の「菊そこなわれてなお霜に傲るの枝あり」という一節を元に作られた、と言われています。「菊は傷ついてもまだ霜に耐えて枯れずにいる」という意味。この漢詩の「傲る」がそのまま使われているわけです。蘇軾は、『花』の歌詞にある「一刻も千金」という言葉の説明（１６３ページ）にも登場した人。影響力の大きさを感じますね。

みさお

「人のみさおも　かくてこそ」の「みさお」は、一般には志や節操を意味する語ですが、ここでは「人の生き方」という意味でしょう。一つ残った白菊を見て「大切な相手に先立たれても凛として生きる姿が美しい」と感じ、人もそうありたいと歌っているのです。

星の界《よ》

詞　杉谷代水《すぎたにだいすい》／曲　コンヴァース

一．月なきみそらにきらめく光
ああ　その星影　希望の姿
人智は果てなし　無窮《むきゅう》のおちに
いざその星の界　きわめも行かん

二．雲なきみそらに横とう光
ああ　洋々たる銀河の流れ
仰ぎて眺むる万里《ばんり》のあなた
いざ棹《さお》させよや　窮理《きゅうり》の船に

（明治末の歌詞）

【歌詞の解釈】

一．月のない空で輝く光
ああ、その星は希望の象徴だ
人間の知力に限りはない
無限の彼方まで
さあ、その星々を確かめに行こう

二．雲のない空に横たわっている光
ああ、広々と天の川が流れている
上を向いて見る、遥かに遠い空で
さあ、ぐんぐん漕げよ
真理を求める船を

星の世界

詞　川路《かわじ》柳虹《りゅうこう》／曲　コンヴァース

一．輝く夜空の　星の光よ
まばたくあまたの遠い世界よ
ふけゆく秋の夜　澄み渡る空
のぞめば不思議な星の世界よ

二．きらめく光は玉か黄金《こがね》か
宇宙の広さをしみじみ思う
やさしい光にまばたく星座
のぞめば不思議な星の世界よ

（昭和期の歌詞）

【歌詞の解釈】

一．夜空を輝かせている星の光よ
たくさんの星が瞬く遥か遠方の世界よ
深まりゆく秋の夜、空は澄みきっている
こうして眺めると現実とは思えない
星の世界が広がっている

二．きらきら輝く光は宝石か金のようだ
宇宙は広いものだと心から思う
やさしい光を放って星座は瞬いている
こうして眺めると現実とは思えない
星の世界が広がっている

星の界《よ》

みそら

「月なきみそら」の「みそら」は、漢字で書くなら「御空」。「空」という語に敬意を示す「み」をつけた言葉です。

私たちの先祖は、言葉の前に「お」「おん」「み」をつけることで敬意や称賛の心を表す習慣を作りあげましたが、このうち「み」は「みたま（御魂）」「みほとけ（御仏）」のように、霊力を感じる対象に冠されることが多い言葉。そのため、空、山、雪といった自然を表現する語と合わさった「みそら」「みやま（御山・深山）」「みゆき（深雪）」などの言葉にもどことなく崇高さが漂います。この『星の界』の詞は、星の美しさを歌うだけでなく、その背後にある崇高な真理を知ろう、という内容。原曲が讃美歌なのでその影響でしょうか。

→参照　一口メモ　183ページ

無《む》窮《きゅう》／おち

「無窮」とは、無限で果てがないこと。「おち」は「遠く離れた場所」を指す言葉なので、「無窮のおち」で「果てしなく遠い場所」という意味になります。「おち」はあまり見かけない言葉ですが、近い場所を指す「こち」と合わせた「おちこち」は「あちらこちら」を意味する雅《みやび》な言葉として和菓子の名などにも使われています。

万里《ばんり》／あなた

「万里のあなた」の「万里」とは、1万里、約4万キロメートルのことですが、『我は海の子』に出てくる「千里」同様、非常に長い距離を表すのに用いる言葉です。

「あなた」は「向こうのほう」「かなた」という意味。ドイツの詩人、ブッセの「山のあなた」という詩は「山のあなたの空遠く幸《さいわい》住むと人の言う」という冒頭の一節が有名ですが、この「あなた」も同じです。

昔の人は、目上の人について話す際に「遠くにいらっしゃる立派な方」という思いを込めて「あなた」という語を用いたのですが、それがやがて会話の相手も指すようになりました。

棹《さお》させ／よや

「いざ棹させよや」は、いまの言葉にすると「さあ、船を漕ぐんだ！」。「させ」は「さす」の命令形、「よや」は強い思いを込めて呼びかけるときに使われる言葉です。

「棹さす」は、船を推進する道具である棹で後方の川底を突き、反動で船を前へ進めることです。「流れに棹さす」という慣用句は、川の流れと棹、両方の力で船がぐんぐん前進するように、物事が順調に進むこと。ちなみに、これをひとひねりしたのが夏目漱石の「草枕《くさまくら》」の出だしにある「情に棹させば流される」という文で、「人情に身をゆだねると制御できなくなる」という意味です。

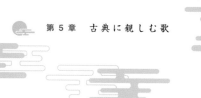

星の世界

あまた

「あまた」は、数が多いことを表す言葉で、多くの場合、数えることができる人や物について使われます。

「あまた」の用例で最もよく知られているのは源氏物語の冒頭です。「いずれの御時《おおんとき》にか、女御《にょうご》、更衣《こうい》、あまたさぶらい給《たま》いける中に……」は、いまの言葉にすれば「どの帝の時代だったか、宮中の女官である女御、更衣がたくさんお仕え申し上げなさっていた中に……」といったところです。

のぞめば

「のぞめば不思議な星の世界よ」の「のぞめば」は「眺めると」という意味です。

「のぞむ」という語のもともとの意味は「眺める」でした。いまでも風景写真の説明などでは「○○山脈を望む」といった文を見かけますが、これが昔ながらの用法。この「のぞむ」という語が、同じ「眺める」でも「期待を持って未来を眺める」という意味で使われるようになり、やがて、願う、希望するという、私たちにとっておなじみの意味が定着したと考えられます。

いっぽうで「のぞむ」は、ある場所へ行って眺める、という行動も指すようになり、そこから「出席する」「直面する」という意味も生まれました。漢字ではこちらを「臨む」、希望するほうを「望む」と書き分けますが、基本的には同じ言葉です。

玉／黄金《こがね》

「きらめく光は玉か黄金か」の「玉」は、宝石や真珠のこと。「黄金」は、金、銀、銅の金です。『黄金虫』の説明（143ページ）で述べたように、日本人は輝きを感じるものを玉か黄金に喩えるのが常。この歌では夜空の星をその両方に喩えたわけです。奈良時代の歌人、山上憶良《やまのうえのおくら》はさらに銀も加えて「銀《しろがね》も金《くがね》も玉も何せむに　勝れる宝子《たからこ》にしかめやも」と子どもへの愛を詠いました。「金や銀、宝石が何になるだろう。より素晴らしい宝である子どもにはまったく及ばない」という意味です。

「こがね」の語源は「きがね」。黄色い金属という意味です。それが、憶良の歌にある「くがね」に、そして「こがね」に変わりました。同じく憶良の歌にある「しろがね」は白い金属という意味で銀のこと。ちなみに銅は赤っぽいので「あかがね」です。

一口メモ

『星の界』と『星の世界』の原曲は、結婚式などでよく歌われる讃美歌『いつくしみ深き友なるイエスは』です。この旋律を借りて、明治末から昭和中期にかけて複数の歌が作られましたが、いまも歌われるのは『星の界』と『星の世界』。同じ主題の二曲です。

椰子《やし》の実

詞　島崎藤村《しまざきとうそん》／曲　大中寅二《おおなかとらじ》

一．名も知らぬ遠き島より
流れ寄る椰子の実一つ
故郷《ふるさと》の岸を離れて
汝《なれ》はそも波に幾月《いくつき》

二．もとの木は生《お》いや茂れる
枝はなお影をやなせる
われもまた渚《なぎさ》を枕
独り身の浮《う》き寝《ね》の旅ぞ

【歌詞の解釈】

一．名前もわからない遠くの島から
流れてきた椰子の実が一つ
生まれた島の岸を離れてから
あなたはいったいどれほどの間、
波間を漂ってきたのか

二．実がなった木はいま、
葉が生い茂っているだろうか
枝はいまもなお立派な形だろうか
私もあなたと同じ、浜辺に寝泊まりする
孤独な放浪の旅をしている

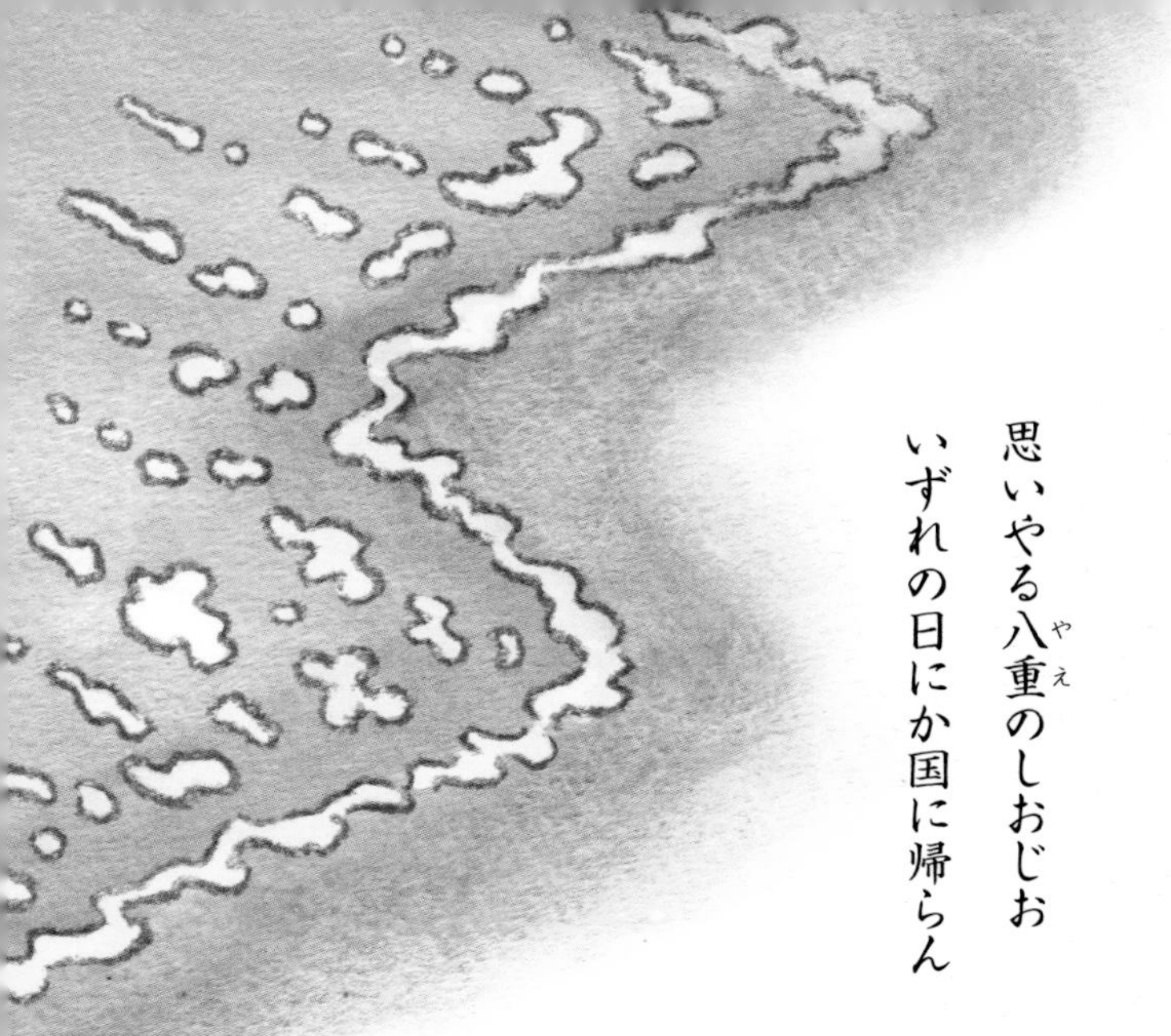

三、実をとりて胸に当つれば
あらたなり　流離《りゅうり》のうれい
海の日の沈むを見れば
たぎり落つ異郷《いきょう》の涙
思いやる八重《やえ》のしおじお
いずれの日にか国に帰らん

三、実を手に取って胸に当てると
あらためてさすらいの悲しみがあふれる
太陽が海に沈むのを見ると
よその土地にいる寂しさに
涙がとめどなく流れる
心に浮かぶのは椰子の実が旅をしてきた
たくさんの海のこと
椰子の実も私も、
いつか故郷に帰ることがあるだろうか

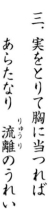

椰子《やし》の実

名も知らぬ

『椰子の実』の歌詞は、島崎藤村が詩として書いたもの。その冒頭の「名も知らぬ遠き島より　流れ寄る椰子の実一つ」という一節は、一見どうということのない文ですが、私たちの心の深くに宿り、いつまでも消えません。そのわけは「名も知らぬ」という言葉の使い方に潜んでいます。

「名も知らぬ」という言葉は、多くの場合「名も知らぬ人に親切にされた」「名も知らぬ花に心を奪われた」といった文で使われます。つまり、それまで縁や興味がなかった人や事物との交流や触れ合いを通して、その存在が深く心に刻まれたときに使うのです。昭和を代表する歌謡曲の一つ『雨のバラード』では、湯原昌幸《ゆはらまさゆき》さんが「名も知らぬあなたに昔の僕を見た」と歌っていました。いまの自分にとっては一生忘れられない人。だからこそ「名前も知らなかった相手なのに……」という驚きが湧き、それを言っておきたくなるわけです。

『椰子の実』では、そんな「名も知らぬ」のあとに「遠き島」という言葉が来るので、私たちはこの詩の語り手と遠方の島の間に何らかの交流があって絆ができたのだろうと想像します。ところが次に来るのは「流れ寄る椰子の実一つ」という句。そこで私たちは、実は直接の交流がないこと、にもかかわらず、一個の椰子の実によって語り手の心と未知の島が結ばれていることを知るのです。わずかな言葉で、また理屈は一切述べずに、人の心の働きの美しさ、雄大さを教えてくれる名文です。

汝《なれ》

「汝はそも波に幾月《いくつき》」の「汝」は、「あなた」という意味です。

遠い昔、私たちの先祖は自分自身を「わ」、会話の相手のことを「な」と呼んでいたようです。やがて「わ」は「われ」に、「な」は「なれ」に変化。「われ」はいまも現役ですが、「なれ」はほとんど使われなくなりました。ちなみに「わ」から生まれた単語群、いわば「わ」のファミリーは、「われ」以外にも「わたくし」「わたし」「わし」など、おなじみの言葉がそろっていますが、「な」の子孫はほとんどいません。唯一、耳にするのは、時代劇の中の「なんじ」です。

そも

「汝はそも波に幾月」の「そも」は、いま話題にしていることについて、語り手が強い興味や疑問を持っていることを表す語句です。いまの言葉にするなら「それにしても」「いったい」といったところ。「汝はそも波に幾月」は、「あなたはいったい何か月間ぐらい漂流していたの?」という問いかけの言葉です。この「そも」を繰り返すことで意味を強めた言い方が「そもそも」ですが、こちらはより根源的な問題を掘り起こして語るときに多く用いられます。

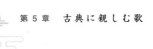

生《お》いや茂れる

「もとの木は生いや茂れる」の「生いや茂れる」は「生い茂っているのか?」という意味です。

「生いや」の「や」は、その文が疑問文であることを示す語で、文の随所に挿入できるというおもしろい性質を持っています。たとえば「君、彼を恋い慕う」という文を疑問形にする場合、一番わかりやすいのは文末につけて「君、彼を恋い慕うや」とすること。これで「あなたは彼を恋い慕うのか?」という疑問文になります。しかし「君、彼をや恋い慕う」でも同じこと。さらには「恋い慕う」という言葉の中に割って入って「君、彼を恋いや慕う」とすることも可能です。

「生いや茂れる」は、まさにこの形。「生い茂る」に「や」が入ることで、「生い茂っているのか?」という問いになります。

影をやなせる

「枝はなお影をやなせる」は、いまの言葉にすれば「枝はいまでも立派な形をとどめているか?」という問いかけです。

「影をやなせる」はわかりづらい句ですが、軸となるのは「影をなす」という言葉で、人や物などがそれとわかる形で存在する、という意味。これに、ある状態が続いていることを表す「り」がついて「影をなせり」。そして「生いや茂れる」と同じように「や」が挿入されて疑問文になったわけです。ただし、「や」を使ったら文末を連体形にする、という「係り結び」の決まりがあるので、最後が「なせる」になっています。

渚《なぎさ》を枕

「渚を枕」は、浜辺の波打ち際で寝る、という意味。しかし、これはあくまで比喩で、旅に明け暮れ、海辺に宿をとることの多い自分の暮らしをそう表現しています。日本の詩歌には「草枕」「笹枕」など「枕」のつく言葉で旅を表す伝統があり、この「渚を枕」もそれに連なる言葉。でも、枕もとに水が寄せるイメージは、草枕などとは比較にならないほど美しく、また恐ろしいものので、新鮮な出会いと危うさが同居する旅の本質を教えてくれます。

浮《う》き寝《ね》

「浮き寝」とは、水鳥が水上で寝ることです。

鴨などの水鳥は、水面にぷかぷか浮きながら、頭を自らの羽の間に突っ込むようにして休息をとることがあります。これが浮き寝。そして昔の人々は、そうした不安定な状態での睡眠が「心の休まらない眠り」を連想させることや、「浮き」の発音が「気持ちが晴れない」という意味の「憂き」と同じであることから、「心の落ち着かない就寝」を表す言葉として詩歌の中で使うようになりました。落ち着かない原因は、たいてい恋。でも、この詩の「われ」の場合は、旅の途中であることです。

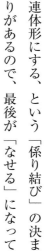

あらたなり

「あらたなり流離《りゅうり》のうれい」の「あらたなり」は、いままでと違って鮮やかに感じられる、という意味です。

「あらた」の「あら」は「あらわれる」の「あら」と語源が同じ、と言われています。また「霊験《れいげん》あらたか」などと言うときの「あらたか」も、いわば兄弟の言葉。これらの語の意味の核心は、それまで見えていなかったものがはっきりと見える、ということです。

いまは使われませんが、こうした「あら」のファミリーの中に、できたばかり、新鮮、という意味の「あらたし」という語もありました。この発音が変化して生まれたのが、私たちもよく使う「あたらしい」です。

たぎり落つ

「たぎり落つ」の「たぎる」は液体が激しく流れ動く様子を指す言葉。いまでも「煮えたぎる」という語の中で目にしますね。「たぎり落つ異郷《いきょう》の涙」は、故郷から離れている寂しさのせいで涙が激しく流れるさまを表しています。

思いやる／八重《やえ》／しおじお

「思いやる八重のしおじお」の「思いやる」は、遠くの事物を想像すること。「八重」は数の多さを表し、「しおじお」は各地の海を指すので、全体で「遥かに思ういくつもの海」という意味になります。

「八重」は本来、何かが重なるようにして

数多くある様子を言う言葉です。「八重咲き」は多くの花弁が重なるようにして花が咲く様子。「八重垣」は幾重にも築いた垣根。やがて意味が広がり、単に数が多いことも「八重」と言うようになりました。

いずれの日にか／帰らん

最後の「いずれの日にか国に帰らん」という句は、直訳すれば「いつか故郷に帰るだろうか」と言うこと。その先に何を感じるかは人によって異なります。もちろん、椰子の実については、語り手である「われ」も、詩を鑑賞する私たちも「遠い島に帰れるはずがない」と思うわけですが、それを踏まえて「われ」は自分の未来をどう見ているのか。「私は帰るぞ」という意思を感じる人と、「私も無理だろう」という悲しみを感じる人がいます。

よく似た歌詞に、唱歌『故郷』の終わり近くの「いつの日にか帰らん」があります。やはり「いつか帰るだろうか」という疑問文で、それができない可能性があるから発せられる言葉。不治の病も多く、平均寿命が四十余歳だった明治・大正期に、故郷を離れて働くことは、この思いを胸に抱いて生きることだったのです。

それでも『故郷』の語り手は「こころざしを果たして」という前向きの言葉を吐くなど「帰りたい」という思いをしっかり持ち続けているように感じられるのですが、椰子の実と心を通わせて涙する「われ」は、すでに帰れない運命を受け入れているようにも……。あなたはどう思いますか。

参考文献

池田小百合編著『読む、歌う　童謡・唱歌の歌詞』夢工房
堀内敬三・井上武士編『日本唱歌集』岩波文庫
与田準一編『日本童謡集』岩波文庫
町田嘉章・浅野建二編『わらべうた』岩波文庫
読売新聞文化部『唱歌・童謡ものがたり』岩波現代文庫
横山太郎『童謡のふるさとを訪ねて』明治書院
河内紀・小島美子『日本童謡集』音楽之友社
合田道人『伝え残したい童謡の謎　ベスト・セレクション』祥伝社
合田道人『案外、知らずに歌ってた童謡の謎』祥伝社黄金文庫
合田道人『案外、知らずに歌ってた童謡の謎2』祥伝社黄金文庫
合田道人『本当は戦争の歌だった童謡の謎』祥伝社黄金文庫
戸板康二『すばらしいセリフ』駸々堂
金田一春彦『ことばの四季』教育出版
金田一春彦『ことばの博物誌』文藝春秋
久保田正文『百人一首の世界』文藝春秋
日本古典文學大系8『古今和歌集』岩波書店
日本古典文學大系15『源氏物語（二）』岩波書店
日本古典文學大系19『枕草子　紫式部日記』岩波書店
日本古典文學大系28『新古今和歌集』岩波書店

参照した辞典

増井金典『増補版　日本語源広辞典』ミネルヴァ書房
草川昇『語源辞典　名詞編』東京堂出版
吉田金彦編『語源辞典　形容詞編』東京堂出版
吉田金彦編『衣食住語源辞典』東京堂出版
堀井令以知編『語源大辞典』東京堂出版
山口佳紀編『新語源辞典』講談社
前田富祺監修『日本語源大辞典』小学館

※本書は2017年に刊行された『日本の童謡・唱歌をいつくしむ―歌詞に宿る日本人の心―』（東邦出版）を改題、一部改稿し再刊行したものです。

童謡《どうよう》・唱歌《しょうか》の美《うつく》しい日本語《にほんご》

２０２１年７月27日　初版第１刷発行

著　者　高橋《たかはし》こうじ
発行者　岩野裕一
発行所　株式会社 実業之日本社
〒１０７‑００６２
東京都港区南青山5‑4‑30
CoSTUME NATIONAL Aoyama Complex 2F
電話 ０３‑６８０９‑０４９５（編集／販売）
https://www.j-n.co.jp/
印刷・製本　大日本印刷株式会社

©Koji Takahashi 2021 Printed in Japan
ISBN978-4-408-42105-6（書籍管理）
ＪＡＳＲＡＣ出２１０３６３６‑１０１